전쟁이냐 **평화**냐 : 전후 70년의 동북아시아 평화

전쟁이냐 **평화**냐 : 전후 70년의 동북아시아 평화

초판 1쇄 찍은날 2015년 8월 5일
펴낸날 2015년 8월 10일
지은이 시이 가즈오
옮긴이 홍상현
펴낸이 송희영
펴낸곳 건국대학교출판부
등록 / 제4-3 호(1971. 6. 21)
주소 / 05029, 서울시 광진구 능동로 120
전화 / (02)450-3891~3
팩스 / (02)457-7202
홈페이지 / http://press.konkuk.ac.kr
e-mail / press@konkuk.ac.kr
책임편집 임경희
찍은곳 네오프린텍주식회사
정가 15,000원

ISBN 978-89-7107-590-6 93340

이 도서의 국립중앙도서관 출판예정도서목록(CIP)은 서지정보유통지원시스템 홈페이지(http://seoji.nl.go.kr)와 국가자료공동목록시스템(http://www.nl.go.kr/kolisnet)에서 이용하실 수 있습니다.(CIP제어번호: CIP2015021452)

: 전후 70년의 동북아시아 평화

전쟁이냐 평화냐

War & Peace

시이 가즈오 지음
/
홍상현 옮김

건국대학교출판부

추천사

일본은 전쟁보다 평화를 선택하는 것이 역사의 올바른 흐름이다

금년은 한일 양국에게 있어서 종전 70주년이자 국교정상화 50주년을 맞이하는 뜻 깊은 해이다. 제2차 세계대전으로 인해 수많은 인명이 무고하게 살상되었고 엄청난 경제적인 손실을 가져왔으며, 종전 이후 1965년 국교정상화가 될 때까지 한일 양국 관계는 사실상 단절된 상태가 지속되었다.

현재 지구촌에 함께 살고 있는 70억 인류가 추구하는 '행복한 삶'의 대전제는 '전쟁' 없는 세계다. 인류에게 '평화'는 어느 누구도 빼앗을 수 없는 가장 소중한 가치다. 그럼에도 불구하고 현 동북아시아 정세는 여전히 '전쟁'의 그림자가 어른거린다. '전쟁'을 추구하는 이들은 '평화'에 대한 갈망보다는 자기 국가 혹은 민족의 이익을 위해 전쟁을 부추기고 군비를 강화하고 있다. 이러한 태도는 역사 퇴행의 본보기인 동시에 인간성 말살 및 인류 공멸의 범죄행위다.

그런 점에서 이번 8월 15일을 기해 건국대학교출판부에서 출판하게 된 시이 가즈오志位和夫 일본공산당 위원장의 『전쟁이냐 평화냐: 전후 70년의 동북아시아 평화』의 발간은 그 의미가 매우 크다. 시이 위원장은 이 책에서 일본의 아베 신조安倍晋三 현 일본 총리의 우경화와 주변국에 대한 침략과 전쟁의 합리화를 강하게 비판하고 있다. 더 나아가 그는 일본이 더 이상 '전쟁'을 추구하는 국가가 아니라 주변국과 인류를 위해 '평화'를 추구하기를 간곡하게 요청하고 있다. 이 책을 통해 지난 역사에서 우리가 배울 수 있는 중요한 가치인 '평화'가 얼마나 소중한지를 절실히 인식하게 된다.

한일 양국은 지난 세기에 직접적으로 '침략'과 '전쟁'을 경험하였다. 역사적으로 일본은 1858년 '메이지유신明治維新' 이래 한반도에서 1894년 '청일전쟁'을 벌였다. 전쟁에서 승리한 일본은 막대한 배상금을 챙겼다. 이후 타이완을 점령하였고, 1905년에는 중국 동북지역에서 '러일전쟁'에서 승리했다. 일본은 전쟁을 통해 자국의 부를 쌓았다.

일본의 지도부들은 왜 지속적으로 '전쟁'을 추구했던가? 여러 가지 요인이 있겠으나 결정적으로 '전쟁을 하면 돈을 벌 수 있다'는 그릇된 신념과 '자국의 이익을 극대화'하기 위한 방편이 아니었을까? 이렇듯 지난 20세기는 전 세계가 '전쟁의 세기'에 내몰렸다.

침략전쟁에 맛들인 일본 정치지도자들은 1931년 9·18 만주사변을 일으켜 중국 동북에 '괴뢰 만주국'을 설립했으며, 마침내 1937년 7월 7일을 기해 중국에 대한 전면전을 전개하였다. 이후 1945년 8월 15일 종전이 될 때까지 8년 동안 중국을 침략하는 전쟁을 벌였다. 이로 인해 중국인 2,000만 명이 목숨을 잃은 대재앙을 가져왔다. 그럼에도 불구하고 전쟁의 결과와 침략에 대해서 일본정부는 반성하지 않고 있을 뿐만 아니라 여전히 자신들의 행위를 합리화하는 데 골몰하고 있다.

이 책의 저자 시이 가즈오 위원장은 일본의 정치지도자 가운데 드물게 '평화'의 중요성을 강조하는 인물이다. 그는 2006년 일본공산당 위원장의 신분으로 처음 한국을 방문하여 서대문형무소를 방문했다. 이곳은 과거 일본의 한국 합병 시기에 수많은 한국의 독립 운동가들을 감금했던 역사적인 장소였다. 그는 서대문형무소 추도비에 헌화하고, 자신의 역사인식은 한국과 같다고 설명했다. 그의 이름 '가즈오和夫'에는 평화를 염원하는 의미가 담겨져 있다. 일본에서는 그를 '가쯔짱'이라는 애칭으로 부르기도 한다. 그는 음악을 좋아하는 것으로 알려져 있다. 취미의 수준을 넘는 피아노 실력과 클래식 음악 감상에도 남다른 재능을 지니고 있다.

1965년에 한일 양국의 국교정상화가 이루어진 이후 50년간 양국은 여러 가지 우여곡절을 겪었다. 한일 간 여러 갈등이 존재했지만 전반적으로 발전해 왔다고 평가할 수 있다. 이러한 발전의 근거로 양국 국민 간의 왕래는 매년 550만 명이, 매주 670편의 항공기가 오고가고 있다는 것에서도 잘 나타나고 있다.

한일 양국의 갈등 구조의 뿌리는 한반도에 대한 침략과 전쟁으로 야기된 일본의 과거사 문제, 일본군 위안부 문제, 독도 문제 등에 대해 일관된 반역사적 태도에서 기인하고 있다. 더욱이 최근 더욱 두드러진 일본 내의 우경화에 대한 우려와도 관련이 있다. 이와 함께 일본 측의 불만은 한국이 지속적으로 주장하는 과거사 문제에 대한 지나친 요구와 한국의 경제발전으로 인한 일종의 경쟁의식에 더하여, 한국이 새로운 강자로 부상하는 중국을 중시하는 것에 대한 비판이 깔려 있다고 분석한다. 최근 중국의 부상으로 인한 정치적·경제적인 측면에서 중국이 일본에 비해 중요해졌다는 점과 북한 문제에 있어서 중국의 군사적 부상을 고려할 때 한국은 보다 명민한 외교가 요구된다.

한일 양국의 갈등의 근본적인 문제는 전략적인 측면에 있다. 일본은 미국과 함께 한반도 남쪽의 한국을 자신들 편에 끌어들이는 이른바 '남방 삼각관계'의 전략을 꾸준히 추구해 왔다. 이에 상대적으로 중국과 러시아 그리고 북한을 포함하는 '북방 삼각관계'와는 대립적인 축을 형성해 왔다. 따라서 일본의 입장에서 한국이 북방 삼각관계와 가까워지는 것은 곧 한국의 휴전선이 대한해협으로 대체되는 것은 아닌지 우려하고 있다는 점을 잊지 말아야 한다. 그러므로 한반도를 둘러싼 주변국인 일본은 대결의 국면보다는 평화 추구의 논리가 훨씬 비용을 줄인다는 점을 명심해야 한다.

이러한 상황 속에 이번 시이 가즈오 위원장의 『전쟁이냐 평화냐: 전후 70년의 동북아시아 평화』의 출판은 한일 관계 갈등의 본질과 향후 양국의 건전한 미래를 예측하는 데 매우 중요한 의미를 지닌다고 할 수 있다. 따라서 전쟁보다는 평화를 추구하는 전략을 일본이 구사하길 기대하는 것이다.

건국대 KU중국연구원은 이 책의 출판과 함께 금년 10월 중, 시이 위원장을 한국으로 초청하여 종전 70주년과 국교정상화 50주년을 기념하는 동북아시아의 평화에 대한 특강을 계획하고 있다. 다시 한 번 시이 위원장의 저서 출판을 진심으로 축하드린다. 출판과 특강을 허락해주신 건국대학교 송희영 총장님께도 감사의 인사를 올린다. 다시 한 번 이 책의 출판이 향후 한일관계의 새로운 50년의 발전과 협력에 기여하길 기대하며, 일독을 권한다.

2015년 7월

건국대 KU중국연구원 원장 **한인희**

머리말

한국의 독자들에게

1.

이 책에는 2014년과 2012년, 그리고 2013년에 진행된 일본공산당 창립 기념 강연회에서 제가 발표한 원고들이 수록되어 있습니다.

각각의 원고가 다루는 주제는 다양하지만 전체적으로 읽어 보면 현재 일본이 어떤 문제에 직면해 있는지, 그리고 일본공산당이 어떤 정당이며, 어떤 일본을 지향하고, 또한 세계와 아시아에서 어떤 역할을 수행하고 있는지에 대해 이해하실 수 있을 것입니다.

물론 이 내용은 『전쟁이나 평화냐: 역사적 기로와 일본공산당』(2014년 10월 신일본출판사)에도 수록되어 있습니다. 하지만 건국대학교출판부를 통해 발간한 이 책의 경우, '맺는말'을 통해 우리가 제창하는 '동북아시아 평화협력 구상'의 대략적인 스케치와 전후 70년을 맞는 오늘, 일본의 정치가 견지해야 할 기본적인 자세에 대한 논고를 덧붙였다는 점에서 차이가 있습니다.

책의 발간에 즈음하여 건국대학교 관계자 여러분을 비롯해서, 이 책의 출판에 노력을 다해 주신 모든 분들께 이 지면을 빌려 진심으로 감사를 드리는 바입니다.

2.

일본은 지금 전쟁이냐 평화냐를 놓고 제2차 세계대전 이후 최대의 역사적 고비를 맞고 있습니다. 아베安倍 정권은 지난 2014년 7월 1일, 집단자위권 행사 용인을 위한 헌법 해석의 대전환을 도모하는 '각의결정閣議決定'을 강행하고, 2015년 5월 14일에는 이를 구체화하는 11개 법안을 '평화안전법제平和安全法制'라는 이름으로 국회에 제출했습니다.

이 원고를 집필한 현재, 우리는 아베 정권의 전쟁을 향한 반동적 폭주에 맞서 격렬한 싸움을 벌이고 있습니다. 아베 정권은 일련의 법안에 '평화안전'이라는 이름을 붙여 선전하고 있지만, 사실 이렇게 심각한 '허위광고'도 없습니다. 일본을 '해외에서 전쟁하는 나라'로 바꾸어버리는 전쟁법안 — 이것이 바로 이 정권이 밀어붙이고 있는 법안의 실체이기 때문입니다. 우리가 국회 논전論戰을 통해 밝혀낸 이 법안의 심각한 위험요인을 살펴보면 다음과 같습니다.

첫 번째는 '위헌성違憲性' — 즉, 이것이 일본 헌법을 유린하는 위헌 입법이라는 점입니다. 반세기 이상에 걸쳐 일본 정부의 일본 헌법 제9조에 대한 모든 견해는 "해외에서의 무력행사를 용납하지 않는다"는 것을 토대로 구축되어 왔습니다. 집단자위권 행사는 어떤 구실을 대든 간에 일본에 대한 무력 공격이 없더라도 다른 나라를 위해 무력행사를 할 수 있는, 이른바 해외에서의 무력행사가 가능하다는 것이 그 핵심입니다. 이는 한 내각의 독단에 의해 헌법 해석의 토대를 180도 뒤바꾸려 하는 입헌주의의 파괴이자, 헌법 제9조의 파괴입니다.

11개 전쟁법안에는 ① 집단자위권 행사와 더불어 ② 그간 정부가 '전투지역'으로 간주해 왔던 곳에까지 자위대를 파병하여 무력행사를 하는 미군 등을 도와 보급, 수송과 같은 병참임무를 수행하고, ③ 형식상 '정전 합의'가 조성되어 있지만 전란이 계속되는 지역에 자위대를 파병하여 치안 유지 활동을 맡는 등 해외에서의 무력행사를 위한 길을 열어줄 위험천만한 속임수가 도사리고 있습니다.

자위대는 1954년 창설 이래, 단 한 사람의 외국인도 죽이지 않았으며, 단 한 사람의 전사자도 내지 않았습니다. 이는 무엇보다 헌법 제9조의 힘과 세계에 자랑할 만한 평화의 보물을 지켜온 일본 국민의 힘에 의한 것이었습니다. 이처럼 역사를 뒤집고 헌법을 파괴하여 '죽고 죽이는' 일본을 만들려는 폭거를 결코 용납해서는 안 될 것입니다.

두 번째는 '대미종속성' — 이 법안을 추진하는 세력이 극단적 대미종속성이라는 특징을 가지고 있다는 점입니다.

저는 요전에 있었던 국회 질의에서 아베 총리에게 "미국의 선제공격으로 벌어진 전쟁에 나간 경우에라도 집단자위권을 발동할 수 있다는 것이냐"는 질문을 던진 바 있습니다. 이에 총리는 "불법으로 무력을 행사하는 나라를 일본이 자위권을 발동해 지원할 일은 없다"고 답변했습니다.

하지만 문제는 일본 정부가 미국의 불법적인 무력행사를 '불법'이라고 비판하는 것 자체가 불가능하다는 사실입니다. 이와 관련해서, 저는 국회 질의에서 "UN에 가입한 이후부터 오늘날에 이르기까지 일본 정부가 미국의 무력행사에 대해 국제법상 불법적인 무력행사라는 이유를 들어 반대한 적이 한 번이라도 있느냐"고 물었는데, 놀랍게도 총리로부터 "한 번도 없다"는 답변이 돌아왔습니다. 이런 입장을 가진 나라는 세계 주요국 가운데 아마 일본이 유일할 것이라고 생각합니다.

미국은 1960년대부터 70년대까지 베트남 침략전쟁, 2003년 발발한 이후 지금까지 계속되고 있는 이라크 침략전쟁 등 제2차 세계대전 이후 UN헌장과 국제법을 유린한, 수많은 선제공격 전쟁을 벌여왔습니다. 1980년대만 놓고 보더라도 그라나다 침략(1983년), 리비아 폭격(1986년), 파나마 침략(1989년) 등과 관련하여 UN총회는 세 번이나 미국을 지목해서 UN헌장 위반, 국제법 위반이라고 비난하는 결의를 채택한 바 있습니다.

그럼에도 불구하고 일본 정부는 미국의 전쟁에 대해 단 한 번도 "노No"라고 말한 적이 없습니다. 이런 일본 정부가 집단자위권 행사로 치닫는 것이 얼마나 위험한 일입니까? 다행히 지금까지는 미국의 참전 요구가 있더라도 "집단자위권 행사가 불가능하다"는 이유로 미군과 어깨를 나란히 하고 전쟁에 참가하는 일을 거절할 수 있었습니다. 하지만 전쟁법안이 통과된다면 이것이 불가능해집니다. 미국이 무법적인 선제공격 전쟁에 나서는 경우가 있을지라도 아무런 비판도 하지 못한 채, 그저 집단자위권을 발동하게 되는 것입니다. 미국의 무법적인 전쟁에 참전하게 되는 것 — 여기에 집단자위권의 가장 현실적인 위험이 도사리고 있는 것입니다.

세 번째는 '역사역행성歷史逆行性' — 이 법안을 추진 중인 아베 정권이 과거 일본의 침략전쟁과 식민지 지배를 긍정·미화하고 역사를 위조하는 극우 세력에 의해 구성·지탱되고 있다는 점입니다.

올해는 제2차 세계대전 종전 70주년입니다. 이러한 역사적인 해에 일본이 역사 문제에 대해 어떠한 기본자세를 취할지는 대단히 중요한 문제라 하지 않을 수 없습니다. 저는 지난 5월 20일 국회에서 있었던 당수 토론에서 아베 총리에게 일본이 1945년 8월 수락을 표명한 '포츠담선언'을 인용하여 "과거 일본이 벌인 전쟁이 '잘못된 전쟁'이었다는 인식을 가지고 있느냐"고 질문했습니다. 그러나 총리는 끝내 일본의 전쟁이 '잘못된 전쟁'이었음을 인정하지 않았습니다. 한 발 더 나아가 총리는 "(포츠담 선언을) 꼼꼼히 읽지 않았으므로 논평을 삼가겠다"고 답변함으로써 일본은 물론 국제사회에까지 큰 놀라움과 충격을 던져주었습니다. 이에 저는 다음과 같은 발언으로 토론을 마무리했습니다.

> 전후의 국제질서는 일본, 독일, 이탈리아 3국이 일으킨 전쟁이 침략전쟁이었다는 판정 위에 성립되고 있습니다. 그럼에도 총리는 '침략전쟁'은 커녕 '잘못된 전쟁'이었다는 인정조차 하지 않고 있습니다. …… 전쟁의 선악을 판단할 수 없고 선악의 구별조차 할 수 없는, 그런 총리에게 일본을 '해외에서 전쟁하는 나라'로 뒤바꿀 전쟁법안을 낼 자격은 없습니다.

일본이 과거에 벌인 전쟁에 대해 반성하지 않는 세력이 헌법 제9조를 파괴하고 '해외에서 전쟁하는 나라'를 향해 폭주한다. 오늘날의 아시아와 세계에 있어 이처럼 위험한 일은 없을 것입니다.

현재 우리가 벌이고 있는 전쟁법안 관련 투쟁은, 실로 한치 앞을 내다보기 힘든 상황에 있다고 할 수 있습니다. 그러나 일본공산당은 93년 역사를 통해 일관되게 반전평화를 고수해 온 정당으로서, 전후 최악의 내각에 의한, 전후 최악의 법안 추진을 무산시키기 위해 전력을 기울일 것입니다. 아울러, 아베 정권의 이러한 폭거를 용서하지 않는 것은 비단 일본 국민들뿐만 아니라 아시아와 세계에 대한 우리의 중대한 책임이라는 점을 명심하고 모든 힘을 다할 것입니다.

3.

또한 이 책에 수록된 원고에서는 일본정치사의 흐름을 통해 살펴본 일본공산당의 현황과 전망에 대한 내용이 언급되고 있습니다.

우리는 지난 1961년에 오늘날의 강령과 노선을 확립하였습니다. 하지만 그 이후 당의 발전이 그리 순탄하지만은 않았습니다. 우리가 '극단적인 대미종속'과 '비정상적인 대기업 중심주의'라는 일본의 상황을 근본적으로 개혁하려는 뜻을 가지고 있다 보니, 언제나 지배세력의 공격 대상이 되었기 때문입니다. 그런 의미에서 일본정치사의 지난 반세기는 일단 국정선거에서 우리가 약진을 거두면, 지배세력이 우리에 대한 봉쇄전략을 구사하고, 우리가 이를 타파하여 또다시 약진을 이루는 — '정치투쟁의 변증법'이 끊임없이 전개되었던 나날들이었습니다.

현재 일본공산당은 1960년대 말부터 70년대까지의 '제1의 약진'과 1990년대 후반의 '제2의 약진'을 잇는 '제3의 약진' 시기에 접어들었습니다. 이는 실제로 2013년 7월 참의원 선거에서 시작되어(3석에서 8석으로 의석 증가, 비례 대표 선거에서 515만 표로 9.7%의 지지 획득), 2014년 12월 중의원 선거에서 발전을 이루고(8석에서 21석으로 의석 증가, 비례 대표 선거에서 606만 표로 11.4%의 지지 획득), 2015년 4월에 실시된 일제 지방선거까지 그 흐름이 이어지는 결과로 나타나고 있습니다.

우리는 이 '제3의 약진'이, 그간 일본의 지배세력이 취해온 일본공산당에 대한 모든 봉쇄전략을 뚫고 이루어졌다는 점에서 큰 의미가 있다고 생각합니다. 특히 일본의 지배세력이 일본공산당을 일본의 정계로부터 배제하기 위해 2002년부터 2003년에 걸친 시기에 본격적으로 시작한 '양당제 만들기' 즉, 국민의 선택을 "자민이냐, 민주냐?"라는 틀 속에 가두기 위해 추진한 공전의 캠페인은 우리에게 최강, 최악의 역풍으로 작용했습니다. 그리하여 우리는 10년여에 걸쳐 국정선거에서 후퇴, 정체를 경험할 수밖에 없었습니다. 바로 이러한 전략을 쳐부수고 새로운 도약을 쟁취했다는 점에서 지금 일본에서 일어나고 있는 변화는 크나큰 역사적 의의를 지닌다고 생각합니다.

이 책에 수록된 원고에서도 강조하고 있지만, 이러한 약진을 이뤄낼 수 있게 한 조건으로서 저는 다음과 같은 점들을 들고 싶습니다.

일본공산당이 명확한 강령을 가진 정당이라는 것

우리는 공산당이기 때문에, 인류가 자본주의라는 이윤제일주의 체제를 넘어 미래사회(사회주의 · 공산주의 사회)로 발전할 것이라는 전망을 가지고 있습니다. 하지만 이러한 변혁은 한걸음에 이루어지는 것이 아닙니다. 사회란 국민 다수의 합의에 의해 뚜벅뚜벅 계단을 올라가듯, 단계적으로 발전한다는 것이 우리의 입장입니다. 일본공산당의 강령에서는 바로 이러한 입장에 기초해서 일본이 당면해 있는 변혁의 과제에 대해 다음과 같이 명시하고 있습니다.

현재 일본 사회가 필요로 하는 변혁은 사회주의 혁명이 아니라 극단적인 대미종속과 대기업・재계의 횡포한 지배 타파 — 일본의 진정한 독립 확보와 정치・경제・사회의 민주적 개혁 실현을 내용으로 하는 민주주의 혁명이다. 이는 자본주의의 테두리 안에서 가능한 민주적 개혁이다.

일본공산당이 일관된 역사를 가진 당이라는 것

일본공산당은 1922년 7월에 만들어진 이래, 올해로 창당 93주년을 맞습니다. 일본의 정당 중 가장 오랜 역사를 가진 우리의 자랑은 일본에서 전전戰前(1945년 일본의 패전 전), 전후戰後 같은 이름으로 활동하고 있는 정당이 오직 일본공산당밖에 없다는 사실입니다.

전전, 천황절대天皇絕對 전제정치하의 가혹한 박해 속에서도 침략전쟁과 식민지 지배에 반대하며 '국민주권의 일본'이라는 깃발을 내걸고 싸운 정당은 일본공산당뿐이었습니다. 당시 침략전쟁을 추진했던 모든 정당들은 일본이 패전한 후, 세상에서 고개를 들 수 없어 모두 당명을 바꿔 재출발을 할 수밖에 없었지만 우리는 그럴 필요가 없었습니다.

전후, 일본공산당은 일본의 정당과 운동의 진로는 자신의 사고와 판단을 통해 정해져야 하며, 어떤 대국이라 할지라도 결코 외국의 지시는 받지 않는다는 자주독립의 입장을 고수해 왔습니다. 그 과정에서 구소련공산당과 중국 마오쩌둥파로부터 "내 말을 들으라"는 거친 간섭공격도 받았지만, 이를 단호히 거부하고 물리쳤습니다. 아울러 일본공산당은 외국의 어떤 운동과 체제도 모델로 삼지 않고 민주주의와 자유 등을 비롯한 자본주의 시대의 모든 가치 있는 성과들을 계승하여 향후에도 잘 발전시켜 나가겠다는 확고부동한 입장을 대내외에 표명한 바 있습니다.

일본공산당이라는 정당명에는 우리가 추구하는 이상적 사회상과 불굴의 역사가 새겨져 있습니다. 저는 2006년 9월에 일본공산당 당수로서는 처음으로 한국을 방문한 이후, 다시 몇 번에 걸쳐 한국을 방문할 기회가 있었는데, 그렇게 한국의 많은 분들과 만나, 우리의 선배들이 한국·조선의 애국자들과 연대하여 식민지 지배에 대항해 싸웠으며, 붕괴한 구소련공산당 등과 근본적으로 다른 자주독립의 정당이라고 소개할 때마다 대번에 서로 마음이 통하는 분위기 속에서 우정을 나누게 되었던 경험을 가지고 있습니다.

일본공산당이 풀뿌리로 국민과 결합하는 당이라는 것

일본공산당은 전국에 2만 개의 당지부가 있고, 30만 명이 넘는 당원과 2,800명이 넘는 지방의원을 보유하고 있는 가운데, 일본열도 방방곡곡에서 국민과 결합, 국민의 이익을 지키기 위해 밤낮으로 활동하고 있습니다. 또한 약 120만 명의 《신문 아카하타しんぶん赤旗》(일본공산당 중앙기관지, 일간판과 일요판이 있다) 독자를 보유하고 있기도 합니다.

일본의 정당 가운데 이처럼 자체적인 조직을 가지고 풀뿌리로 국민과 연대하여 활동을 전개하고 있는 정당은 일본공산당뿐입니다. 창당 이후 기업이나 단체로부터의 헌금을 한 푼도 받지 않고 헌법을 위반하는 정당 조성금 수령을 거부하고 자비로 재정을 꾸리는 정당도 일본공산당이 유일합니다. 우리는 바로 여기에 우리 일본공산당이 수많은 고난과 역경을 넘어 일본 사회의 변혁 사업을 진전시킬 수 있게 해준 근본적인 힘이 있다고 생각합니다.

물론 우리 앞에 펼쳐질 미래가 반드시 순탄하지만은 않을 것입니다. 하지만 우리가 강령을 통해 전망하는, 진정 '국민이 주인공'인 새로운 일본 — 이를 담당하는 민주연합정부가 수립되는 날은 반드시 올 것이며, 그것이 역사의 필연이라고 저는 확신합니다. 우리는 이미 시작된 '제3의 약진'을 결코 일회적인 현상으로 끝내지 않고 일본을 바꾸는 큰 흐름으로 발전시켜, 일본정치를 아시아와 세계에서 환영받는 방향으로 전환시키기 위하여 온 힘을 다할 것입니다.

또한 이 책이 "현재 아베 정권 치하에 있는 이웃나라 일본에서 어떤 문제들이 일어나고 있는가?", "한일 양국과 두 나라 국민이 어떻게 진정한 우호를 도모할 수 있을까?", "이와 관련해서 일본공산당이라는 정당의 존재와 활동은 대체 어떤 의미를 갖는가?"와 같은 문제를 생각하는 데 일조하고, 한일 양국과 양국 국민의 상호 이해 및 우호의 증진에 미력하나마 기여할 수 있다면 대단히 기쁘겠습니다.

2015년 6월 6일

시이 가즈오

차 례

1장
망국의 정치와 결별하고, 미래를 책임지는 새로운 정치를

—《신문 아카하타》 2014년 7월 17일자

아베 정권이 발족한 지 1년 반이 지난 지금, 그 정체가 만천하에 드러나고 있습니다. 이 정권은 국회에서의 수적 우세를 배경으로 다양한 분야에서 폭주를 거듭하고 있습니다. 그러나 이 폭주는 어떤 전망을 가지고 전개되고 있는 것이 아닙니다. 하나같이 일본의 미래, 국민의 미래에 대해 아무런 책임도 지지 않고 "뒷일은 어찌 되어도 상관없다"는, 그야말로 이판사판 격의 폭주와 다름이 없습니다. 한마디로 말해서, 일본과 일본국민을 망하게 하는 '망국의 정치' — 이것이 아베 정권의 정체가 아닐까 합니다.

올해로 창립 92주년을 맞는 일본공산당은 이러한 '망국의 정치'와 정면에서 대결하고 일본의 미래, 국민의 미래를 책임지는 새로운 정치의 전망을 제시하며 끝까지 국민과 함께할 것입니다.

그럼 지금부터 '망국의 정치와 결별하고, 미래를 책임지는 새로운 정치를'이라는 주제에 대해 몇 가지 각도에서 이야기해 볼까 합니다.

1. 집단자위권 — '해외에서 전쟁하는 나라' 만들기를 용납할 수 없다

1) 미국의 전쟁에 자위대가 '전투지역'까지 가서 군사지원?

먼저 집단자위권의 문제에 대해 살펴보겠습니다.

아베 정권은 7월 1일(2014년) 국민 다수의 반대여론을 묵살하고 집단자위권 행사를 용인하는 '각의결정'을 강행했습니다. 저는 우선, 헌법 제9조를 파괴하는 이 역사적 폭거에 단호히 저항함과 더불어 '각의결정'의 철회를 강력히 요구합니다.

그렇다면 과연 이 '각의결정'의 어떤 부분이 문제인 것일까요? 바로 '해외에서 전쟁하는 나라' 만들기를 두 가지 길을 통해 추진하고 있다는 점에서 그 심각성을 발견할 수 있습니다.

그 첫 번째는 미국이 세계 어디에서든 전쟁을 벌일 때마다 자위대가 '전투지역'까지 가서 군사지원 임무를 수행한다는 것입니다.

저는 5월 28일(2014년)에 있었던 중의원 예산위원회에서 이 문제를 추궁했습니다. 미국이 2001년 아프가니스탄 보복전쟁, 2003년 이라크 침략전쟁을 일으킬 당시 일본은 자위대를 파병했습니다. 하지만 두 경우 모두 파병법 제2조에 "무력행사를 하면 안 된다", "전투지역에 가면 안 된다"는 '제동장치'가 명기되어 있는 상황이었습니다. 당시 고이즈미 준이치로小泉純一郎 총리는 자주 말했습니다. "자위대를 파견하지만, 전투지역에 가는 것은 아닙니다. 비전투지역밖에 가지 않습니다. 자위대가 있는 곳이 바로 비전투지역입니다"라고 말입니다. 물론

이 말 자체에 속임수가 숨어 있기는 했지만, 그럼에도 불구하고 정부의 폭주에 일정 정도 제동을 걸 수 있었습니다. 자위대의 활동이 인도양에서의 급유활동, 이라크에서의 급수활동과 공수활동 등에 머무를 수 있었기 때문입니다.

저는 아베 총리에게 "집단자위권 행사가 가능해지면, 이 두 가지 제동장치도 폐기되는 것 아닙니까?"라고 재차 질문을 했지만 총리는 어떤 제동장치도 남겨놓겠다는 언급을 하지 않았습니다. 반대로 자위대의 활동을 확대하는 방향으로 "종래의 존재 양태를 검토한다"고 답변하였을 뿐이었습니다. 자위대가 '전투지역'에 간다는 사실을 용인한 것입니다.

'각의결정'에는 그런 내용이 노골적인 형태로 명기되어 있습니다. 자위대가 활동하는 지역을 '비전투지역'으로 한정하는 종래의 틀을 폐지하고 '전투지역'의 경우에도 지원활동이 가능하도록 만든 것입니다.

이 경우 어떤 일이 일어날까요? '전투지역'에서의 활동은 그것이 이를테면 보급, 수송, 의료 등의 후방지원이라 할지라도 상대방으로부터 공격을 받게 되어 있습니다. 그렇게 공격을 받는다면 또 어떻게 할 것인지를 우리 당의 카사이 아키라笠井亮 의원과 코이케 아키라小池晃 의원이 연달아 추궁했습니다(7월 14일 · 중의원 예산위원회, 7월 15일 · 참의원 예산위원회). 이런 우리 당의 추궁에 대해 총리는 "도망간다"고 답변했습니다. 그래서 그 정도로 끝나지 않을 것이라고 추궁하자, 이번에는 "무기의 사용은 한다"고 마지못해 인정했습니다. 결국 응전하고 무력행사를 하게 될 것이라는 이야기입니다.

이러한 대응이 어떤 결과를 가져오게 될까요? 아프간 전쟁 당시 NATO(북대서양조약기구) 회원국들은 집단자위권을 발동해 참전했습니다. 당시 NATO가 정한 당초의 활동내용도 후방지원뿐이었습니다. 그럼에도 불구하고 전쟁의 수렁에 빠지고 말았던 것입니다. 그 결과, 미국 이외의 NATO군 희생자는 전쟁 개시부터 오늘까지 총 21개국, 1,035명에 달합니다.

결국 아베 정권이 도모하고 있는 것은 일본을 지키는 일도, 국민의 생명을 지키는 일도 아닙니다. 미국이 일으킨 아프간 전쟁이나 이라크 전쟁과 같은 전쟁에서 자위대가 '전투지역'까지 찾아가 군사 활동을 할 수 있도록 하는, 즉, 남의 나라의 전쟁에서 일본 젊은이들이 피를 흘리도록 하는 것이 바로 '각의결정'의 정체입니다.

2) 집단자위권 — '자위를 위한 조치'라는 이름으로 해외에서 벌어지는 전쟁에 나서려는가?

두 번째는 '자위를 위한 조치'라는 명목으로 집단자위권 행사를 공공연히 용인하려 하는 것입니다. '각의결정'은 일본에 대한 무력공격이 없더라도, "일본의 존립이 위협받고, 국민의 권리가 근저로부터 흔들리는 명백한 위험이 있을 경우"에는 무력의 행사(집단자위권의 행사)가 가능하도록 정해놓고 있습니다.

그 '경우'란 도대체 어떤 것을 말할까요? 아베 총리가 단편적인 예로써 반복적으로 언급하고 있는 것은 "분쟁이 일어났을 시 재외일본인을 수송하는 미국 함선의 방호"입니다. 그는 기자회견을 할 때마다 몇 번이나 어머니가 아기를 안고 있는 그림이 삽입된 커다란 패널을 꺼내들고 "구해주지 않아도 되겠느냐"며 열변을 토했습니다. 하지만 긴급 상황에서 이루어지는 재외일본인의 피난은 어디까지나 일본정부의 책임하에 이루어져야 하는 것입니다. 또한 이미 1997년 미국과의 가이드라인guideline 협의가 진행될 당시 일본 측이 '미군에 의한 재외일본인 구출'을 요청하자, 미국 측이 이를 거절하며 "미 · 일 양국 정부는 자국 국민의 퇴피退避를 각자 책임지고 실행한다"고 확인한 바도 있습니다. 애초에 미국의 구출활동에는 국적에 따른 우선순위가 존재한다는 것입니다. 첫 번째는 미국 국적 보유자, 두 번째는 미국 영주권 보유자, 세 번째는 영국 국민, 네 번째는 캐나다 국민, 다섯 번째는 타국 국민, 따라서 일본인은 바로 이 다섯 번째에 해당합니다. 미군이 일본인을 수송해 주지 않는다는 이야기입니다. 현실에서 있을 수 없는 예밖에 들지 못하는 이런 주장은 "국민의 생명을 지킨다"는 그들의 언명이 얼마나 무의미한 공리공론空理空論인가를 스스로 증명하는 것과 다름이 없습니다.

더욱 용서하기 힘든 것은 아베 총리가 집단적 자위권 행사를 용인하고, '해외에서 전쟁하는 나라'로의 대전환을 향해 발을 내디디면서 정작 국민들에게는 그 진상을 말하지 않고 거짓말과 속임수로 일관하고 있다는 사실입니다. 이와 관련해서 저는 다음 세 가지를 지적하고 싶습니다.

첫 번째는 총리가 "헌법을 해석하는 기본적 사고는 아무것도 바뀌지 않는다"고 주장하는 것입니다. 하지만 종래의 헌법 제9조에 관한 모든 견해는 "해외에서의 무력행사는 용납하지 않는다"는 것을 토대로 구축되어 왔습니다. 집단자위권이라는 것은 일본에 대한 무력공격이 없더라도 타국을 위해 무력행사를 한다(해외에서의 무력행사를 한다)는 것입니다. 종래의 헌법해석의 토대를 180도 뒤집으면서 "아무것도 바뀌지 않는다"니, 이런 후안무치한 궤변이 어디 있습니까. 게다가 총리는 지난 주 오스트레일리아 연방의회 연설에서 "일본은 안전보장의 법적 기반을 일신하려 한다"고 말했습니다. 국내에서는 "아무것도 바뀌지 않는다"고 하면서, 외국에서는 "법적 기반을 일신한다"고 선전하는, 이런 일구이언의 정치는 결코 용납될 수 없습니다.

두 번째는 총리가 집단자위권 행사에 대해 "명확한 제동장치가 있으며, '한정적'이다"라고 주장하는 것입니다. 이것도 악질적 속임수입니다. '명백한 위험'의 존재여부를 판단하는 것은 누구입니까. 당대의 정권 아닙니까. 이는 "정부가 모든 정보를 종합해 판단할 것"이라고 했던 총리의 답변대로입니다. 하지만 정작 유사시에는 국회에서 "그 정보를 공유해 달라"고 요청해도 '특정비밀'이라면서 거부할 것이 불 보듯 뻔합니다. 더욱이 총리는 어제(7월 14일) '석유의 공급부족'이나 '미·일 관계에 중대한 영향'이 있을 경우에도 무력을 행사할 수 있다고 답변했습니다. 결국 '제동장치' 따위는 어디에도 존재하지 않는 것입니다. 국회에서도, 국민에게도 진실이 공개되지 않은 상태에서, 정권의 독단에 따라 해외에서의 무력행사를 아무 거리낌 없이 확대시키려 하는 것이 이와 같은 주장의 실체라고 말하지 않을 수 없습니다.

세 번째는 총리가 "일본이 전쟁에 말려드는 일은 있을 수 없다"고 주장하는 것입니다. 저는 지난 1997년 국회에서 이와 관련한 질의를 했던 적이 있습니다(10월 7일, 중의원 예산위원회). 당시, 저는 "전후, 미국이 세계 각지에서 행한 무력행사에 대해 일본이 비판적 입장을 취했던 사례가 한 번이라도 있었습니까?"라고 물었습니다. 이에 대해 하시모토 류타로橋本龍太郎 당시 총리는 제 질문에 분을 삼키며 다음과 같이 답변했습니다. "제2차 세계대전 이후 UN에 가입한 이래, 우리나라는 미국의 무력행사에 대해 국제법을 위반한 무력행사라는 이유를 들어 반대의사를 표명한 일이 없습니다." 이런 나라는 세계의 주요국 가운데 일본밖에 없습니다. 그럼에도 불구하고 미국의 전쟁에 전투부대를 보내지 않을 수 있었던 것은 "집단자위권의 행사는 헌법 제9조상 허용될 수 없다"는 제동장치가 존재했기 때문입니다. 이러한 제동장치가 사라진다면 미국으로부터 요구를 받을 때 어떻게 그것을 거절할 수 있겠습니까. 일본도 결국 베트남 전쟁이나 이라크 전쟁과 같은 무법한 침략전쟁에 가담하게 될 것이 분명하지 않습니까.

1941년 12월 8일 발발한 태평양전쟁의 '조서詔書'에는 다음과 같은 말이 적혀 있습니다.

> 제국의 존립이 재차 위태로운 상황에 처하여 …… 제국은 바야흐로 자존자위自存自衛를 위해 결연히 일어나 모든 장해를 쳐부술 수밖에 없다.

제한 없는 해외에서의 전쟁을 '나라의 존립', '자위를 위한 조치'라는 이름으로 추진하는 일은 일찍이 일본제국주의가 '제국의 존립', '자존자위' 등의 이름으로 침략전쟁을 추진했던 잘못을 반복하는 것이므로 결코 용납되어서는 안 됩니다.

3) 전후 일본의 바람직한 모습을 송두리째 뒤흔드는 폭거 — 일본은 무엇을 잃게 될 것인가?

이와 같은 두 가지 길을 통해 '해외에서 전쟁하는 나라' 만들기를 꾀하는 '각의결정'은 실로 전후 일본의 국가상을 송두리째 뒤흔드는 것이라 하지 않을 수 없습니다.

전후 일본의 정치는 대부분 자민당 정권에 의해 좌우되어 왔습니다. 그로 인해 심각한 뒤틀림이 여러 분야에서 일어난 것 또한 사실입니다. 하지만 저는, 전후 일본의 역사에서 세계에 자랑할 만한 일도 있었다고 생각합니다. 그중 대표적인 것이 바로 일본 헌법 제9조와 이 조항을 지키고, 그 정신을 살리기 위해 이어진 국민적 투쟁의 역사가 아닐까 합니다.

올해(2014년)는 자위대 창설 60주년을 맞는 해입니다. 이 60년간, 자위대는 단 한 사람의 외국인도 죽이지 않았으며, 단 한 사람의 전사자도 내지 않았습니다. 이것은 역대 자민당 정권이 훌륭했기 때문이 아닙니다. 바로 헌법 제9조의 위대한 힘이었습니다. 이 헌법 제9조가 자위대원들의 목숨을 지켜왔다는 사실을 저는 강조하고 싶습니다.

아베 정권은 이러한 전후 일본의 바람직한 모습을 송두리째 뒤흔들어 '죽고, 죽이는 나라'를 만들려 하고 있습니다. 이로 인해 잃어버리게 될 것은 과연 무엇이겠습니까? 저는 다음 세 가지를 들고 싶습니다.

첫 번째로 젊은이들이 생명과 그들의 인생을 잃어버리게 될 것입니다. 전쟁으로 초래될 희생이란 어떤 것일까요? 앞서 자위대원 중에 전사자가 단 한 사람도 없었다고 언급했습니다만, 막상 전쟁을 하게 되면 희생자가 나오지 않을 수 없습니다. '비전투지역'으로의 파견을 표면상 원칙으로 내세운 이라크 파병 당시에도 숙영지를 겨냥한 박격포와 로켓탄 공격이 무려 14회에 달했습니다. 긴장과 공포 때문에 파견된 자위대원 중 10%에서 30%가 정신과적 문제를 호소했습니다. 그리고 아프간 파병 때까지 총 40명의 자위대원이 귀국 후 스스로 목숨을 끊었습니다.

급기야 '전투지역'으로의 파병이 이루어져, 자위대원들이 '죽고, 죽이는' 상황 속으로 내던져진다면 어떻게 될까요? 미국에는 이라크 전쟁과 아프가니스탄 전쟁 등에 다녀온 귀환병이 200만 명 이상 있습니다. 그중 60만 명이 전장에서 경험한 전투와 공포로 인한 외상 후 스트레스 장애(PTSD)를 앓고 있습니다. 그리고 미국정부의 통계에 의하면 무려 하루 평균 22명이 자살을 합니다. 전장에서의 경우까지 합하면 연간 무려 8,000명이나 스스로 목숨을 끊은 것입니다. 이러한 문제들 속으로 일본의 젊은이들을 몰아넣겠다는 것입니까. 전쟁에서 맨 처음 희생되는 것은 미래의 희망인 젊은이들입니다. 이러한 사실을 제대로 파악해서, 젊은이들을 전쟁터로 내몰지 말라는 목소리를 드높여야 하지 않겠습니까.

두 번째로 일본이 헌법 제9조를 통해 쌓아올린 국제적 신뢰를 잃어버리게 될 것입니다. '일본 국제 볼런티어 센터(JVC)'는 6월 10일 성명을 발표하고 다음과 같이 호소했습니다.

> 선진 주요국가 중 대부분이 아프가니스탄에 군대를 파견하는 가운데, 일본만은 반정부 무장 세력에게도, 주민들에게도 총을 겨눈 적이 없었습니

다. 이는 일본이 아프가니스탄에게 있어서 가장 신뢰받는 나라로 자리매김할 수 있었던 이유이기도 합니다", "정부의 논의에서 빠져 있는 것은 '잃어버리게 될 것'의 크기에 대한 인식입니다. 지금까지의 일본은 …… 비군사적인 국제평화협력을 행하여 왔습니다. 이는 다른 나라들은 가지지 못한 일본의 독자성일 뿐더러, 이로 인해 일본이 국제적 신뢰를 획득해 왔다는 것은 틀림없는 사실입니다. …… 제2차 세계대전 이후 약 70년 동안 쌓아올린 자산과 신뢰를 결코 잃어버려서는 안 될 것입니다.

세계의 분쟁지역에서 헌신적인 볼런티어 활동을 벌여온 많은 NGO들로부터, 일본이 '해외에서 전쟁하는 나라'가 되어 타 국민에게 총을 겨누게 된다면 세계의 신뢰는 증오로 바뀌고, 일본인들이 테러의 대상이 되는 등 잃어버리게 될 것이 너무나 크다는 경고가 전해지고 있습니다. 아베 정권은 이 목소리에 진지하게 귀 기울여야 할 것이라고 저는 생각합니다.

세 번째로 일본사회의 인권과 민주주의를 잃어버리게 될 것입니다. '해외에서 전쟁하는 나라' 만들기는 전쟁에 국민을 동원하는 체제와 일체화되어 있습니다. 비밀보호법은 그 첫 걸음입니다. 개악된 교육기본법에 따라 아이들에게 '애국심'을 강요하려는 움직임 또한 심각한 현상이라 할 수 있습니다.

이 점과 관련해서 저는 징병제의 문제점을 언급하지 않을 수 없습니다. "자위대에서 희생자가 나오면 자위대원이 격감해서 끝내는 징병제를 실시할 수밖에 없다." — 수많은 식자들의 이와 같은 우려는 결코 기우가 아닙니다. 정부는 지금까지 징병제가 헌법 제18조가 금지하는

'노예적 고역苦役'에 해당한다고 간주하여 불허해왔습니다. 그러나 자민당의 이시바 시게루石破茂 간사장은 국회 발언을 통해 다음과 같이 말하고 있습니다. "나라를 지키는 일을 자유의지에 반하는 노예적 고역으로 규정하는 나라는, 국가의 이름값을 하지 못하는 것이다. 징병제가 노예적 고역이라는 논의에는 도저히 찬성할 수 없다(2002년 5월 23일, 중의원 헌법조사회 · 기본적 인권보장에 관한 조사위원회)." 헌법의 근간을 이루는 제9조의 해석조차 멋대로 변경하는 세력이 헌법 제18조의 해석을 변경하지 않는다고 누가 보증할 수 있겠습니까.

비밀보호법, '애국심'의 강요, 그리고 징병제 — 국민을 억지로 전쟁에 동원하려는 이 모든 음모를 우리는 단호히 거부해야 할 것입니다.

4) 폭주의 원인은 무엇인가? — 근본에 자리 잡고 있는 아베 총리의 반동적 야망

여기서 또 한 가지 의문이 제기됩니다. 그렇다면 과연 무엇을 위해 아베 총리는 이런 터무니없는 폭주를 하겠습니까?

그 근저에는 미 · 일 군사동맹을 침략적으로 강화시키려는 미 · 일 지배세력의 의도가 작용하고 있습니다. 하지만 이것만으로는 설명이 부족합니다. 공명당의 당내 회의에서 "왜 그렇게 졸속적으로, 서둘러 진행하려 하느냐?"고 질문한 의원에게 기타가와 가즈오北側一雄 부대표는 다음과 같이 답했다고 합니다. "아베 총리가 서두르고 있다." 이 또한 대답으로 충분하지 않습니다. 여기서 저는 아베 총리의 비정상적인 성급함, 난폭함의 근저에는 아베 총리 자신의 반동적 야망이 자리 잡고 있음을 지적하지 않을 수 없습니다.

총리는 2004년 출판한 『이 나라를 지키는 결의』라는 저서에서 그의 조부인 기시 노부스케岸信介 전 총리를 언급하면서, 1960년에 이루어진 안보개정安保改定*에 대해 "단호하게 해냈다. 조부 세대는 자신들의 책임을 다했다"고 예찬하고 있습니다. 그리고 "우리에게는 새로운 책임이 있다. 그것은 미·일 안보조약을 당당히 쌍무적雙務的인 내용으로 바꿔가는 것이다", "군사동맹이란 '피의 동맹'이다. …… 지금의 헌법해석하에서라면 일본의 자위대는 미국이 공격받는다 해도 피를 흘릴 일이 없다. …… 그래서는 완전한 이퀄파트너equal partner라고 할 수 없다"면서 집단자위권 행사에 대해 설명하고 있습니다.

다시 말해 아베 총리의 행동은, 결코 일본의 안전이나 세계의 평화라는 목적에서 출발한 것이 아니라는 이야기입니다. 그저 조부의 뒤를 잇는 '일본의 리더'로서 역사에 이름을 남기고 싶다는 자신의 야망을 실현하기 위해 '해외에서 전쟁하는 나라'를 향해 돌진하고 있는 것입니다.

하지만 그로 인해 잃어버리게 될 것은 헤아릴 수도 없습니다. 젊은 이들의 생명을 위험에 노출시키고 일본의 국제적 신뢰를 무너뜨리며, 인권과 민주주의를 파괴하는 — 이것이야말로 문자 그대로 '망국의 정치' 그 자체가 아니겠습니까.

---

* 1960년 이루어진 '미·일 안보조약 개정'을 이르는 말. '신(新)안보조약'이라 부르기도 한다. 이 조약에 따라 미·일 양국의 공동방위의무·미군의 군사행동에 관한 사전협의제 등이 정해졌다. (역자 주)

5) 동북아시아의 평화와 안정을 어떻게 도모할 것인가? — 동북아시아 평화협력구상

앞서 살펴보았듯이, 아베 총리의 음모가 이토록 위험천만한 것임에도 불구하고, 대국적으로 볼 때에 모든 것이 결코 그의 의도에 따라 움직이고 있지는 않습니다.

우선 그들은 헌법 제9조의 명문개헌明文改憲을 노렸지만, 개헌반대가 국민여론의 다수를 점하고 있는 까닭에 뜻을 이룰 수 없었습니다. 뒤이어 헌법 제96조의 개헌절차를 완화시키려고도 해보았지만, 이번에는 헌법 제9조 개정의 시비를 넘어 '사도邪道'라고 여론이 들끓는 바람에 좌절되었습니다. 그리고 다시 해석개헌解釋改憲으로 집단자위권 행사의 용인을 시도하고 있는데 이와 관련해서도 보수정치의 중추를 지탱하는 사람들 사이에서조차 "이런 편법은 용납할 수 없다", "입헌주의의 부정이다"라는 비판 여론이 확산되고 있는 실정입니다. 폭주가 이어질 때마다 새로운 비판세력이 등장하고 있는 것입니다. 실제로 각 미디어의 여론조사를 보더라도, 어떤 매체를 막론하고 50~60%의 국민이 반대 목소리를 내고 있지 않습니까. 그러니 대국적으로 보면, 궁지에 몰리고 있는 것은 오히려 아베 정권인 것입니다.

저는 평화를 염원하는 에너지가 국민들 사이에 깊고도 넓게 자리 잡고 있음을 최근 실감합니다. 6월 30일과 7월 1일의 총리관저 앞 시위에서 연일 수만 명의 사람들이 참가해 '해외에서 전쟁하는 나라' 만들기에 반대하는 국민적 에너지를 눈으로 직접 확인할 수 있었기 때문입니다. 아울러, 청년들이 "가장 큰 피해자가 될 것은 우리"라며,

이 문제를 본인들의 문제로 인식하여 투쟁의 주역으로 나서고 있는 것은 참으로 멋진 일입니다. 자녀를 키우는 이들도 "아이들이 전쟁에 휘말리지 않을까 불안하다. 우리들이 책임지고 평화헌법을 아이들 세대에까지 물려주고 싶다"며 목소리를 높이고 있습니다. 심지어 고령자들마저 "그 비참한 전쟁을 절대로 손자 세대가 체험하게 해서는 안 된다"면서 떨쳐 일어나고 있습니다.

일본변호사연합회와 전국각지의 52개 변호사회도 반대성명을 채택했습니다. 일본의 변호사 전원이 가입해 있는 변호사회가 변호사법 제1조에 규정된 "기본적 인권을 수호하고, 사회정의를 실현한다"는 입법정신을 받들어, 입헌주의와 항구적 평화주의를 위한 투쟁에 앞장서고 있는 것은 실로 마음 든든한 일이라 하지 않을 수 없습니다.

종교인들 가운데 비판여론이 확산되고 있다는 것도 눈에 띕니다. 일본 전통불교계 유일의 연합조직으로 59개 주요 종파, 36개 도도부현都道府県 불교회, 10개 불교단체 등 도합 105개 단체가 가입해 있는 전일본불교회는 다음과 같은 담화를 발표했습니다.

"불타의 '화和의 정신'을 받드는 자로서, 집단자위권 행사를 용인하는 각의결정을 보면, 마치 인간 지혜의 '어둠'을 엿보는 것 같아 깊은 우려와 위구심을 누를 길 없다."

자민당 역대 간사장과 개헌파로 분류되던 헌법학자 등도 차례차례 《신문 아카하타しんぶん赤旗》에 등장해 반대의 논진論陣을 펼치고 있습니다. 《닛케이 비즈니스日経ビジネス》 전자판 칼럼(5월 16일)은 "전도前途에 나부끼는 것은 붉은 깃발赤い旗뿐인가"라는 표제와 함께, "아베 정권이 발족한 이래, 일본공산당 기관지 《신문 아카하타》 인터뷰 난에 보수계

논객이나 자민당 역대 중진이 등장하는 케이스가 부쩍 눈에 띈다. 얼핏 보면 《신문 아카하타》 편집부 내에 뛰어난 섭외담당이라도 있는 것일까 하는 생각이 들 수도 있지만, 사실을 알고 보면 꼭 그렇지도 않다. 보수논객으로 분류되던 이들이 줄지어 《신문 아카하타》의 인터뷰에 응하고 있는 배경에는, 아베 정권에 대해 정면에서 반론을 가할 수 있는 장을 마련하는 매체가 어느새 《신문 아카하타》 정도밖에 남아있지 않다는 점을 시사한다"는 내용의 기사를 실었습니다. 예전의 논쟁 상대가 이제는 연대의 대상으로 바뀌어버렸다는 것입니다. 이렇듯 《신문 아카하타》가 어느새 일본의 이성과 양심의 보루가 되어 있다는 것은 실로 기쁜 일이라 하지 않을 수 없습니다.

물론 '각의결정'이 강행되었다고 해서, 결코 멋대로 자위대를 움직일 수 있는 것은 아닙니다. 싸움은 이제부터입니다. 일본공산당은 헌법을 위반한 이 '각의결정'의 철회를 강력히 요구하는 한편, '각의결정'을 구체화시켜 '해외에서 전쟁하는 나라'로 나아가려는 일체의 입법 작업에 대해 즉각적인 중지를 강력히 요구하는 바입니다. 일본은 지금 전쟁이냐 평화냐를 놓고 전후 최대의 역사적 기로에 서있습니다. 이 싸움의 귀추를 결정하는 것은, 바로 국민의 여론과 운동입니다. '해외에서 전쟁하는 나라' 만들기를 용납하지 말라는, 그리고 자의적인 해석으로 헌법을 훼손하지 말라는 이 국민적 총의를 바탕으로 범국민적 투쟁을 전개하여 아베 정권의 군국주의 부활 야욕을 분쇄하는 데 다함께 힘을 모아야 할 것입니다.

이 문제에 관해 저는 마지막으로 동북아시아의 평화와 안정을 어떻게 도모할 것인가에 대한 일본공산당의 생각을 말씀드릴까 합니다.

아베 총리는 무슨 일이 있을 때마다 "우리나라를 둘러싼 안보환경이 악화되고 있다"고 떠벌이면서, 집단자위권 행사를 용인하기 위한 구실로 삼으려 하고 있습니다. 제1차 아베 정권 당시에도 "환경이 악화되고 있다"는 소리를 했었습니다. 도대체 왜 그 사람만 등장하면 안보환경이 악화되는 것일까요?

물론 동북아시아에 긴장과 분쟁의 불씨가 존재하고 있다는 것은 사실입니다. 하지만 아베 총리처럼 덮어놓고 억지력 강화와 군사력 증강에만 집중하다 보면 어떻게 될까요? 상대도 군사력 증강을 가속화시킬 것은 뻔한 이치입니다. 그렇게 되면 결국 다함께 '군사 대 군사'의 악순환에 빠져버릴 수밖에 없습니다. 지금 일본에게 있어 무엇보다 중요한 것은 어떤 문제와 관련해서든 사람이 어떤 입장에서 마땅히 행하여야 할 바른길, 즉 도리道理에 기초해서 외교적 교섭에 따라 해결・평화적 해결을 관철하는 헌법 제9조의 정신에 입각한 외교 전략을 확립하는 일이 아닐까 합니다.

일본공산당은 올해(2014년) 1월에 있었던 제26회 당대회에서 다음과 같은 목표와 원칙을 세우고 '동북아시아 평화협력구상'을 제창했습니다.

첫째, 역내域內에 평화의 룰rule을 수립하기 위한 동북아시아 규모의 '우호협력조약'을 체결하자.

둘째, '6개국 협의'를 통해 북한 문제를 해결하고, 이 틀을 지역의 평화와 안정의 기반으로 발전시키자.

셋째, 영토문제의 외교적 해결을 지향하고, 분쟁을 악화시키지 않는 행동규범을 정하자.

넷째, 일본이 과거에 행한 침략전쟁과 식민지배에 대한 반성은 이 모든 것의 불가결한 토대이다.

이상의 내용입니다만, 이는 결코 이상론이 아니며, 탁상공론 또한 아닙니다. 요전에 우리는 동남아시아를 방문해서, 이와 관련한 동남아시아국가연합(ASEAN) 국가들의 대처를 우리 눈으로 직접 확인할 수 있었습니다. ASEAN에는 동남아시아우호협력조약(TAC)이라는 '대화를 통한 분쟁의 해결'을 지향하는, 평화적 지역공동의 틀이 확실히 구축되어 있습니다. 인도네시아 자카르타에 있는 ASEAN 본부를 방문했을 당시 "ASEAN은 연간 1,000회나 회합을 갖고 있다. 다양한 레벨에서 대화와 신뢰조성을 도모하고 있다. 그렇기 때문에 이 지역에도 여러 가지 분쟁문제가 존재하고 있음에도 불구하고 전쟁으로 발전하지 않는 것이다. 무엇이든 대화를 통해 해결하고 있다"는 설명을 들었습니다. 현재 동남아시아에 만들어져 있는 이 평화의 틀을 동북아시아에도 구축해보지 않겠느냐는 것이 일본공산당의 제안입니다.

우리는 이 제안을 가지고 안팎의 사람들과 대화를 거듭해 왔습니다. 어떤 나라의 대사는 우리의 제안에 대해 다음과 같이 답해주었습니다. "전적으로 공감합니다. 시이 위원장께서 말씀하신 구상이 실현된다면 진정한 동북아시아 평화와 협력의 틀이 구축될 것입니다. 그러니 한시라도 빨리 일본공산당이 집권해서 꼭 이 구상을 실현시켜 주었으면 합니다." 우리로서는 실로 기쁜 기대라 하지 않을 수 없습니다.

일본의 전 외무성 고위관계자 한 분은 다음과 같은 감상을 피력하기도 했습니다. "지극한 정론正論으로, 당연히 지지받아 마땅합니다. 일본과 중국, 그리고 한국이 어떤 동아시아를 만들 것인지를 논의합시다. 서로 각을 세우고 으르렁거리는 동아시아가 아닌, 평화롭고 사이좋게 상대에 대한 관용이 널리 확산되어 있는 동아시아를 만들고 싶습니다."

일본공산당의 '동북아시아평화구상'이야말로 지역의 평화와 안정을 지키고, 진정 미래에 대한 책임을 지는 제안이 아닐까요.

2. 국민생활을 파괴하는 '거꾸로' 경제를 근본부터 바로잡아야

1) 소비세 증세 — 국민에게 설명이 불가능한 "3중의 '거꾸로' 세제"

다음으로 국민생활과 경제에 대해 이야기해 보도록 하겠습니다.

아베 총리는 통상 국회 후에 가진 기자회견에서 "선순환善循環을 확실히 실현하는 국회였습니다, 기업의 수익이 고용 확대와 소득 상승으로 이어져 경제에 좋은 환경이 조성되려 하고 있습니다"라며 자화자찬했습니다. 그러나 '경제의 선순환'이 이루어지게 할 만한 것은 지금의 현실 어디에도 존재하지 않습니다. 총리의 머릿속에서만 존재하는 '환상'에 지나지 않는 것입니다.

4월(2014년)부터 소비세 증세가 강행되었습니다. 8%나 올라 부담이 8조 엔이나 늘어납니다. 가계家計는 어떻게 될까요? 제가 가장 심각하게 생각하는 것은 노동자들의 실질임금이 4월 현재 전년 대비 마이너스 3.4%, 5월에는 마이너스 3.6%로 대폭 감소했다는 점입니다. 임금이 오르지 않았는데 엔저円低 현상 때문에 물가만 오르고, 소비세 증세까지 이루어져 서민들이 궁지에 몰리는 결과가 일어난 것입니다. 상황을 좀 더 자세히 조사해 보니 4, 5월의 실질임금 하락률이 근 20년 내

최저치였습니다. 그럼에도 불구하고 정부는 증세 후의 경기 동향이 '상정범위 내'라고 우깁니다. 실질임금의 하락, 구매력의 저하를 '상정 범위 내'라고 하는 것은 경제와 국민생활에 책임을 져야 할 정부가 입에 담아서는 안 될 소리 아니겠습니까.

이번 소비세 증세만큼 국민들에게 설명하기 어려운, 도리에 어긋난 정책도 없습니다. 저는 다음과 같은 내용을 들어 이것이 "3중의 '거꾸로' 세제"임을 고발하고 싶습니다.

'거꾸로'라는 표현을 쓴 첫 번째 이유는 "사회보장을 위해" 소비세 증세를 강행한다면서 악명 높은 사회보장급부의 '자연 증가분 삭감' 방침을 부활시켰기 때문입니다. '자연 증가분 삭감' 방침은 국민의 "고혈을 짜는" 방침입니다. 아베 정권은 이 방침에 "사회보장급부에 관련한 …… '자연 증가분'까지를 포함, 성역 없는 재검토를 진행한다"고 명기했습니다. 이로 인해 과연 어떤 일이 벌어졌을까요? 이미 국민 여러분들도 혹독하게 경험해보셨을 것이라 생각합니다. 일찍이 고이즈미 내각은 '구조개혁'이라는 이름으로 사회보장비의 '자연 증가분'을 매년 2,200억 엔씩 삭감한다는 방침을 내걸어, 일본의 사회보장을 만신창이로 만들어버렸습니다. 심지어 자민당조차 이를 '만악의 근원'으로 인정하고 아소麻生 내각 시절에 철회했습니다. 이렇게 철회했던 것을 염치도 없이 부활시킨 것입니다. 게다가 국민들에게는 증세를 강요하면서 말입니다. 이런 무반성·무책임의 정치가 또 어디 있겠습니까.

두 번째 이유는 '국가재정의 재건'을 위해 소비세 증세를 강행한다면서 대기업에게는 감세 잔치를 벌이고 있기 때문입니다.

금년도(2014년)만 보더라도 대기업과 관련해서 부흥특별법인세의 폐지, 투자 감세 등 총 1.5조 엔이나 감세가 이루어졌습니다. 게다가 이 '막무가내식 방침'에는 법인세율 인하까지 포함되어 있습니다. 재계가 요구하는 법인세율 10% 인하가 실행된다면 무려 5조 엔의 감세가 이루어지게 됩니다. '사회보장', '국가재정 재건' 운운하면서 오히려 소비세를 인상하고, 대기업에게는 감세를 해주는 것은 대국민 사기나 다름없는 짓이라고 볼 수밖에 없습니다.

세 번째 이유는 이 대기업 감세를 실행할 재원을 마련하기 위해 '외형표준과세'의 확대 등, 적자로 고통 받는 중소기업들에게 세금을 쥐어짜려 하고 있기 때문입니다. 중소기업은 일본 내 고용의 70%를 지탱하고 있으며, 적어도 12조 엔에 달하는 사회보험료를 부담합니다. 이런 중소기업이 종업원들에게 지불하는 임금으로 발생하는 소득세만 약 3조 엔 정도입니다. 이처럼 중소기업은 일본경제의 근간을 지탱하고 있습니다. 결국 '거꾸로' 세제란 대기업 감세의 재원 때문에 일본경제의 근간을 희생시키려는, 실로 후안무치한 횡포에 다름 아닌 것입니다.

소비세 증세는 이렇듯 어떤 면에서 보더라도, 도리라고는 눈곱만큼도 찾아보기 힘든 정책입니다. 이에 우리는 소비세 증세 중단을 요구하는 목소리를 드높여야 할 것입니다. 내년(2015년) 일제지방선거에서 일본공산당의 약진을 통해, 증세를 획책하는 세력에게 국민의 심판을 내립시다.

2) 주가(株價)를 위해서라면 무슨 짓이든 할 수 있다? — "뒷일은 내 알 바 아니다"라는 무책임한 정치를 수수방관해야 하나?

그렇다면 아베 정권은 '성장전략'이라는 미명하에 무엇을 자행하려는 것일까요? 적어도 경제정책이라는 이름에 걸맞지 않다는 점만은 분명합니다.

한마디로 말하면, 단지 정권을 유지하기 위해 주가를 끌어올리겠다는 목표를 설정하고 이 목표를 위해서라면 무슨 짓이든 할 수 있다는 것이 내용의 요체라고 할 수 있습니다. 관저의 아베 총리 집무실에는 주가정보를 알려주는 '주가보드'라는 것이 설치되어 있다고 합니다. 매일의 주가에 일희일비하는 '주가연동정권', 이것이 '아베노믹스Abenomics'의 정체인 것입니다.

아베 총리는 올해(2014년) 5월, 영국 런던의 금융센터 '시티 오브 런던City of London'에서 행한 연설에서 외국인투자가들을 상대로 다음 세 가지를 약속하면서 "일본 주식을 사 달라"고 호소했습니다.

첫 번째는 "법인세 개혁을 가속화 시키겠다"는 것입니다. "법인세를 낮추겠다. 그렇게 하면 기업의 이익이 늘고, 주주 배당 또한 늘어나 주가가 오를 것이다. 그러니 일본 주식을 사 달라"는 이야기입니다. 재정위기 운운하며 국민들에게 소비세 증세, 심지어 중소기업에게는 새로운 증세 계획까지 강요하면서 법인세 감세를 세계에 약속한 것입니다. 그렇게 해서 세수에 구멍이 생겨 재정위기가 악화되더라도 상관없다는 것입니다.

두 번째는 "세계최대의 연금기금 개혁을 진행하겠다"는 것입니다.

"130조 엔에 달하는 일본의 공적연금 적립금을 사용해 일본 주식의 매수를 늘리겠다. 정부가 매수하는 것이니 확실히 주가가 오를 것이다. 그러니 일본 주식을 사 달라"는 이야기입니다. 그러나 국민의 피 같은 공적연금 적립금으로 주식투자를 한다는 것은, 지극히 위험천만한 일이라 하지 않을 수 없습니다. '금융대국'인 미국조차 공적연금 적립금으로 주식을 사는 일은 하지 않습니다. 문자 그대로 '못할 짓'까지 해서 주가를 올리려는 행동을 결코 용납해서는 안 된다고, 저는 호소하는 바입니다.

세 번째는 "새로운 시대의 새로운 노동환경에 발맞추어 노동제도의 재검토를 진행하겠다"는 것입니다. "잔업수당을 없애고 파견노동에 대한 규제 또한 모두 철폐시키겠다. 그렇게 하면 기업의 이익은 확실히 늘어나고 주가도 오를 것이다. 그러니 일본 주식을 사 달라"는 이야기입니다. 이로 인한 장시간 노동으로 노동자의 '과로사'가 늘어나고, '평생파견', '정사원 제로'의 사회가 되어도 알 바가 아니라는 것입니다. 이것이야말로 터무니없는 소리 아닙니까?

주가를 위해서라면 서민이나 중소기업이 세금폭탄으로 고통을 받든, 나라 재정이 어찌 되든, 연금이 어찌 되고 고용이 또 어찌 되든 "뒷일은 내 알 바가 아니다?" 심지어 주가 인상 이외의 '메뉴'로는, 일본의 먹거리는 물론 농업까지 파탄 내는 TPP(환태평양경제동반자협정) 추진, 원전 재가동, 원전 수출, 무기 수출, 그리고 카지노 해금이 있습니다. 이것이 '성장전략'이라니 도대체 무슨 소리일까요? '성장전략'은 커녕 제대로 된 이야기가 단 한 가지도 없습니다. 실로 국민의 생명과 생활을 지킨다는 말이 무색할 정도입니다. 국민생활을 파탄 내는 '거꾸로' 경제, 문자 그대로의 '망국의 정치' 그 자체인 것입니다.

이렇듯 아베 정권은 이미 일본경제를 이끌 자격이 없다는 것을 저는 강조하고 싶습니다.

3) 바로잡아야 할 일본경제의 병리(病理)현상은 어디에 있나? — 일본공산당의 제안

그렇다면 진정 바로잡아야 할 일본경제의 병리현상은 어디에 있는 것일까요?

대기업이 도대체 얼마나 이익을 내고 있는지 지난 1년간의 움직임을 조사해보았습니다. 2013년도 결산에 대해 집계를 내보니, 상위 500개사의 이익이 1년간 12조 엔에서 22조 엔으로 두 배 가까이 급증했습니다. 이 이익이 어디로 흘러들어갔을까요? 일단 임원 한 사람당 보수가 11%로 대폭 늘었습니다. 또한 주주 배당금 총액도 20%로 늘어났습니다. 그러나 정사원에게 지불된 급여 총액은 겨우 1%밖에 늘지 않았습니다. 한편 500개사의 대기업 내부보유금은 불과 1년 만에 20조 엔이나 늘어났습니다.

대기업의 이익이 늘어나더라도 전부 주주 배당과 임원 보수로 돌아가거나 내부보유금으로 쌓일 뿐, 노동자의 임금으로 반영되지는 않고 있는 것입니다. 바로 여기에 메스를 들이대야 할 일본경제의 첫 번째 병리현상이 자리 잡고 있습니다.

이렇듯 진단이 명료해지면, 어떤 처방전을 써야 하는지도 자연스럽게 밝혀지는 것 아닐까요. 저는 이 일본경제의 병리현상을 바로잡고 일본경제를 재생시키기 위해 다음의 두 가지 개혁을 제창합니다.

첫 번째는 능력에 따라 세금을 부과하는 '응능부담應能負擔'의 원칙에 입각해 세제개혁을 진행하는 일입니다.

2008년에서 2012년까지 5년간의 도요타자동차의 법인세가 '제로'였다는 사실이 화제가 되기도 했지만, 이처럼 대기업의 법인세 부담률은 온갖 우대세제優待稅制로 인해 지극히 낮은 상황입니다. 앞서 언급한 500개사의 경우를 분석해 보면, 법인세 부담률이 고작 24%에 지나지 않습니다. 그런데도 정계 · 재계에서는 입만 열면 일본의 법인세 실효세율이 35%로 다른 나라들에 비해 지나치게 높으니 "20%대까지 낮춰야 한다"고 목청을 높이고 있습니다. 하지만 실상은 이미 세금 부담률이 20%대에 육박할 정도로 내려가 있는 상황입니다.

여러분, 그러니 법인세를 증세해서 거액의 주주 배당을 챙기는 부유층과, 막대한 이익을 올리는 대기업에 대한 우대세제를 바로잡고, 벌어들이는 만큼의 세금을 납부하도록 하는 것이 올바른 방향이 아닐까요?

두 번째는 대기업의 내부보유금을 일본경제에 환류還流시킴으로써 국민소득을 늘리는 경제개혁을 실행하는 일입니다.

일본공산당은 지금까지 대기업 내부보유금의 1%만 내놓아도 '월 1만 엔 이상'의 임금인상이 가능해진다고 주장해왔습니다. 그렇다고 대기업이 임금인상을 위해 대부분의 내부보유금을 내놓을 필요도 없습니다. 최근 1년간의 내부보유금, 즉 20조 엔 중의 일부만 사용하더라도 임금의 대폭인상이 가능하기 때문입니다. 전노련(전국노동조합총연합)은 소비세 증세에 의한 '임금인하 효과'까지 고려해 '월 1만 6,000엔

이상'의 임금인상을 요구하고 있는데, 사실 이는 최근 1년 사이에 늘어난 내부보유금의 고작 2할 정도만 사용해도 실현이 가능합니다.

여러분, 대기업의 막대한 내부보유금을 활용하여 모든 노동자들의 임금인상을 실현해보지 않으시겠습니까?

노동자파견법을 근본적으로 개정하여 '정사원의 고용이 당연시 되는 사회'로 함께 나아갑시다.

'과로사'를 유발하는 장시간 · 과밀 노동을 시정하고 안정적인 고용 또한 늘려야 합니다.

젊은이들을 소모품처럼 혹사하는 '블랙기업'을 규제하고 중소기업과 대기업 사이에 공정한 거래의 룰을 확립시켜 적정한 단가도 보장해야 합니다.

국민생활을 안정적으로 지키며 일본경제의 재생을 도모할 수 있는 대도大道가 바로 여기에 있습니다.

저는 일본공산당이 제시하는 개혁이야말로 일본경제의 병리현상을 바로잡고 미래를 책임질 수 있는 유일한 방책이라고 확신합니다. 우리 모두 이 방책을 실현하기 위해 함께 싸워 나갑시다.

3. 원전재가동을 불허하여, '원전 제로 일본'의 길을 열어가자

1) 피해지역의 정치적 이용을 불허한다

다음은 원전 문제에 대해 이야기해 보겠습니다.

아베 정권은 원전의 영구적 사용을 전제로 한 '에너지 기본계획'을 결정하고, 원전 재가동을 향해 폭주하고 있습니다. 우선 제가 강조하고 싶은 것은, 이 폭주가 피해지역인 후쿠시마의 민의를 완전히 외면하고 있다는 사실입니다.

동일본 대지진과 원전사고가 일어난 지 3년 4개월, 아직까지도 13만 명이나 되는 후쿠시마 주민들이 기약 없는 피난생활을 이어가고 있습니다. 후쿠시마 현 당국의 조사에 따르면, 피난 중인 가족의 49%가 두 군데 이상의 장소로 뿔뿔이 흩어져 생활할 수밖에 없는 상황이라고 합니다. 피난 이후, 심신의 고통을 호소하고 있는 사람이 있는 세대도 68%에 달합니다. '지진 피해 관련 사망자'도 어느새 1,700명을 넘어서고 있습니다.

하지만 아베 정권의 자세는 어떻습니까? 원전 재가동과 수출을 위한 환경을 조성하기 위해 수습도, 배상도, 제염도 모두 마무리되었다는 식의 태도를 취하고 있지 않습니까?

후쿠시마 원전의 오염수 문제가 점점 심각해지고 있습니다. 지하수를 끌어내 바다로 방출하는 지하수 바이패스bypass를 실행하던 중, 작업용으로 파놓은 우물 한 군데에서 방사성 3중 수소의 상승이 이어져 기준치를 넘어섰습니다. 그런데도 도쿄전력은 오염된 지하수를 다른 지하수와 혼합하니 기준치가 낮아졌다면서 계속해서 오염수를 바다로 방출하고 있습니다. 희석시켰다는 이유만으로 오염수 방출을 용인한다면 머지않아 바다를 향한 오염수 방출이 아무런 제약 없이 이뤄지게 될 것입니다. 이런 무책임한 자세를 용납해서야 되겠습니까?

피난 지시를 해제하고 이재민들이 원거주지로 복귀했는지 여부와 관계없이, 무조건 1년 후 피난과 관련한 배상작업을 중단해버리는 '이재민 방기放棄 정책'도 시작되었습니다. 제염과 관련해서도 종래의 목표이던 '연간 추가선량 1밀리시버트 이하'라는 기준치를 끌어올려 사실상 "제염이 끝났다"는 상황인식을 확산시키려 하고 있습니다.

또한, 짚고 넘어가지 않을 수 없는 것은 이시하라 노부테루石原伸晃 환경대신의 "결국에는 '돈' 아니냐"는 발언입니다. 이에 지역 언론인 《후쿠시마민보》는 "정부는 '돈 따위는 필요 없다. 고향과 원래의 삶을 돌려 달라'는 절규가 들리지 않는 것이냐"며 호된 비판을 가했습니다. 이시하라 환경대신의 발언은 '실언'이 아닙니다. 이와 같은 아베 정권의 피해지에 대한 방기 정책을 결코 용납해서는 안 됩니다.

"수습선언을 철회하고, 원래의 생활이 이어질 수 있는 후쿠시마를 돌려 달라", "후쿠시마 원전의 전면 폐로를 결단하라", "철저한 제염과 완전 배상을 실시하라" — 우리 일본공산당은 이와 같은 '올all 후쿠시마'의 목소리와 연대해서, 후쿠시마의 부흥을 이루어내기 위해 마지막까지 힘을 다할 것입니다.

2) 원전 재가동에 제동을 건 후쿠이지방재판소 판결의 역사적 의의

원전 재가동을 향해 폭주하는 아베 정권에 치명타를 안기는 획기적 사건이 일어났습니다. 5월 21일(2014년) 후쿠이지방재판소가 간사이關西 전력 오이大飯 원전 3·4호기의 운전 정지를 명령하는 역사적인 판결을 내린 것입니다. 저도 이 판결문을 몇 번이나 읽어보았는데, 후쿠시마 원전 사고의 교훈을 고스란히 받아들여 누구나 납득이 가능하고 간단히 뒤집을 수 없는 견고한 논리로 구성되어 있었습니다. 그 내용 가운데서 저는 특히 다음과 같은 내용에 깊이 감동했습니다.

첫 번째, 이 판결이 헌법이 보장하는 '인격권'을 최우선으로 하고 있다는 점입니다.

판결은 '개인의 생명, 신체, 정신 및 생활에 관한 이익' 전체를 인격권이라 규정하고, 이 인격권은 헌법의 위에 존재하는 권리이며, 일본의 법률하에서는 "이를 넘어서는 다른 가치를 찾을 수 없다"고 선언했습니다. '인격권이 최상의 권리'라는 것을 만천하에 선언한 것입니다. 그리고 원전의 운전으로 이 "근원적인 권리가 광범위하게 박탈되는 사태가 초래될 구체적 위험성이 만의 하나라도 있다면, 그 제동장치를 당연히 인정해야 한다"면서 운전 정지를 명령했습니다.

알기 쉽게 말하면, "국민의 목숨과 생활을 지키는 것 이상으로 중요한 것이 없다"는 지극히 당연한 대원칙에 입각해서 원전 재가동을 중지시키는 판정을 내린 것입니다.

두 번째, 이 판결이 원전에 대해 다른 기술과 다른 '본질적 위험성'을 가지고 있다고 반복적으로 강조하고 있다는 점입니다.

판결은 "원자력 발전 기술의 위험성과 그로 인한 피해의 크기는 후쿠시마 원전 사고를 통해 충분히 드러났다고 할 수 있다"고 지적하면서, 다음과 같이 기술하고 있습니다.

> 원자력 발전과 관련해서 …… 일단 발생한 사고는 시간 경과에 따라 확대되는 성질을 갖는다. 이는 (다른 기술과) 이질적인 원자력 발전에 내재한 본질적 위험인 것이다.

다른 기술의 경우, 가령 심각한 사고가 일어나더라도 시간이 흐르면 수습이 이루어질 수 있습니다. 하지만 원전 사고는 다릅니다. 시간이 갈수록 피해가 확대되기 때문입니다.

그간 일본공산당은 원전이 이런 '이질적 위험'을 내포하고 있기 때문에 인류와 원전은 결코 공존할 수 없다고 주장해왔습니다. 따라서 이와 동일한 논리에 따른 결론이 사법부에 의해 내려졌다는 사실은 대단히 중요합니다.

세 번째, 이 판결이 원전 '안전신화'를 엄중히 단죄하고 있다는 것입니다.

간사이 전력은 소송 과정에서 기준지진동基準地震動 — 상정된 최대의 지진 강도 — 을 뛰어넘는 지진의 도래를 일단 고려하기 힘들다고 주장했습니다. 이와 관련해서 판결은 "20군데도 안 되는 전국의 원전들 중 무려 4군데의 원전에 다섯 번에 걸쳐 상정 지진동을 넘는 지진이, 그것도 2005년 이후 10년도 안 되는 기간 중에 일어났다는 사실에 주목해야 한다"고 일축하며 다음과 같이 기술했습니다.

> 지진대국 일본에서 기준치진동을 넘는 지진이 오이 원전에만 도래하지 않으리라는 생각은 근거 없는 낙관적 전망에 불과하며, 기준지진동에 미치지 않는 지진에 의해서도 냉각기능 상실에 의한 중대사고가 발생할 수 있음을 고려할 때, 이러한 위험은 '만일의 위험'이라는 영역을 훨씬 뛰어넘는 현실적이고도 절박한 것이라 평가할 수 있다. 이러한 시설의 상태는, 앞서 밝혔듯이 원자력 발전소가 가진 본질적인 위험성을 감안하면 그렇게 낙관적으로 보기 힘들다.

원전 '안전신화'에 대해 사법부의 준열한 단죄가 가해진 것입니다.

네 번째, 이 판결은 국민의 안전보다 비용을 우선시 하는 사고방식에 철퇴를 가했습니다. 특히 판결문의 마지막 부분이 감동적인데, 그 내용은 다음과 같습니다.

> 피고(간사이 전력)는 …… 원전의 가동이 전력공급의 안정성과 비용의 절감으로 이어진다고 주장하지만, 본 법정은 수많은 사람들의 생존권과 전기료의 고하를 동일 선상에 올려놓고 논의하거나, 그 논의의 정당성을 판단하는 것 자체를 법적으로 용납할 수 없다고 생각한다.

수많은 사람들의 목숨과 전기료의 높고 낮음은 차원이 다른 문제이며, 이 두 가지를 함께 논하는 것 자체를 "법적으로 용납할 수 없다"고 한 것은 정말 훌륭합니다.

또한, 판결은 일본의 국부國富 — 국가의 부란 무엇인가에 대해 깊이 고찰하고 있습니다.

> 이러한 비용문제와 관련해 국부의 유출, 또는 상실이라는 논의가 존재하는데, 이를테면 …… 원전의 운전 정지로 인해 거액의 무역적자가 발생한다 해도, 이를 국부의 유출이나 상실로 보아서는 안 될 것이다. 풍요로운 국토에 국민이 뿌리내려 생활할 수 있는 것이야말로 국부이며, 이를 회복할 수 없게 되는 것이야말로 국부의 상실이라고 본 법정은 생각하는 바이다.

아울러 판결은 지구온난화 대책을 이유로 한 원전 추진론에 대해 다음과 같이 규정했습니다.

피고(간사이 전력)는 원자력발전소의 가동이 이산화탄소 배출을 삭감하며 환경 면에서 뛰어나다고 주장하지만, 일단 원자력발전소에서 심각한 사고가 일어날 경우에 수반되는 환경오염이란 실로 무시무시할 정도이며, 후쿠시마 원전 사고로 우리나라 유사 이래 최대의 공해, 환경오염이 일어났던 사실에 비추어 볼 때, 환경문제를 원자력발전소의 운전을 지속시키기 위한 근거로 드는 것은 대단히 엉뚱한 이야기이다.

공교롭게도 제가 늘 이야기하고 있는 내용들이 사법부의 판단에 그대로 반영되어 있습니다.

이 네 가지 판단은 오이원전뿐만 아니라 전국의 모든 원전에 해당되는 이야기가 아닐까 합니다.

저는 아베 정권이 이 판결의 의미를 무겁게 받아들여, 전국에 있는 모든 원전의 재가동을 단념할 것을 강력히 촉구하는 바입니다.

그렇다 하더라도 이러한 사실과 도리에 입각한 이성적 판결이 어떻게 가능할 수 있었을까요? 저는 그 근본에 국민의 여론과 운동이 자리 잡고 있기 때문이라고 생각합니다.

전국 각지에서 부단히 이어져온, 총리관저 앞에서의 '재가동 반대 · 원전 제로' 운동이 사법부에 대한 외부의 부당한 압력을 철회시키고, 사법부를 소생시킨 것입니다. 그리하여 사법부가 본래의 '법과 정의'에 근거해서 이성적 판결을 내릴 수 있었던 것이 아닐까요. 그런 의미에서 이 판결은 국민적 투쟁으로 쟁취한 판결이라 할 수 있을 것입니다.

다함께 이를 확신하며, 국민적 투쟁으로 '원전 제로의 일본'을 향한 길을 열어갈 수 있도록 노력해야 하겠습니다.

4. 미군기지 건설 스톱(stop), 기지 없는 평화로운 오키나와를

1) 총칼과 불도저에 의한 토지강탈의 재현 — 이러한 폭거를 용납해야 하나?

다음은 미군기지 문제입니다.

아베 정권은 7월 1일(2014년), 집단적 자위권 행사를 용인하는 '각의 결정'을 강행한 바로 그날 또 하나의 폭거를 사행했습니다. 오키나와 현 나고名護 시 헤노코辺野古 지구의 캠프 슈와브Camp Schwab 내에서 미군 신기지 건설 공사에 착수한 것입니다. 정부는 7월 중에 매립공사를 위한 해저 보링조사boring survey를 강행하려 하고 있습니다.

이에 지역 언론은 입을 모아 정부의 움직임에 대해 '총칼과 불도저'로 주민들을 내몰고 집에 불까지 질러가며 토지 강탈을 확대했던 60년 전의 만행과 똑같다며 규탄하고 있습니다. 이나미네 스스무稲嶺進 나고 시장은 물론 지역 주민의 70% 이상이 단호한 반대의사를 표명하였음에도, 아랑곳하지 않고 신기지 공사를 강행하는 자세는 사실 민주주의 국가의 그것이라고 보기 힘듭니다. 미군기지 문제와 관련해서도 '망국의 정치'가 여지없이 드러나고 있는 것입니다.

얼마 전, 아베 정권은 오키나와 지역 자민당 국회의원과 자민당 오키나와 현 연합회를 통해 나카이마 히로카즈仲井眞弘多 현지사에게 압력을 가해 '기지 현외県外 이전' 공약을 뒤집고 신기지 건설을 용인하게 만들었습니다. 그러나 이를 용납할 수 없다는 여론이 들끓기 시작하면서 결국 '올 오키나와'를 향한 여론이 결집되었습니다. 이에 따라 신기지 건설 현장에서는 해상데모, 반대집회, 농성 등이 밤낮없이 이어지고 있습니다.

정부는 어떤 강압으로든 오키나와 주민들을 굴복시키는 일이 불가능하다는 점을 통감해야 합니다.

2) 오키나와 건백서(建白書)야말로 단결의 중심 — 보수 · 혁신의 구도를 넘어선 평화의 섬 만들기

'올 오키나와'를 향한 단결의 요체는 오스프리(V-22 Osprey, 수직이착륙기)의 배치 철회, 후텐마普天間 기지의 폐쇄・철퇴, 현내 이전 백지화 등을 촉구하는 2013년 1월의 오키나와 '건백서'입니다. 오키나와의 41개 시정촌장市町村長, 의회 의장, 현의회와 주요 경제・사회단체 대표가 직접 서명해서, 연명으로 제출한 이 역사적 문서에는 '올 오키나와'의 역사적 총의가 담겨 있습니다. 더러 일부세력의 배신이나 이탈 등이 일어나고 있지만, '올 오키나와'의 총의는 미동도 하지 않습니다. 또한 이제까지의 보수・혁신의 구도를 뛰어넘어 평화의 섬을 지향하는 투쟁이 진전을 거듭하고 있습니다.

그리고 "오키나와 '건백서' 실현으로 미래를 여는 전도全島회의"가 구성되어 7월 말(2014년)에 결성총회를 예정하고 있습니다. 또한, 이 '전도회의'의 호소에 부응하여 일본공산당은 물론 자민당 나하那覇 시의원단까지 망라한 현의원 및 시정촌의원 130명이 당파를 초월해 참가하는 의원단 회의까지 발족했습니다. 지역 경제계에서도 "기지에 의지하면 오키나와의 미래는 없다", "배신은 용서 못한다" 등의 목소리와 함께 '건백서' 실현을 향한 움직임이 일어나고 있습니다.

60년 전, '총칼과 불도저'로 토지를 강탈한 폭거는 오키나와 전도의 본토 복귀 투쟁을 불러일으켰습니다. 본토에서도 전국 각지에서 오키나와 회복 투쟁에 지지와 연대를 보내는 투쟁이 일어났습니다. 그리고 그 투쟁은 도저히 뛰어넘기 힘들어 보이던 벽을 넘어, 본토 복귀라는 결실을 맺었습니다. 현민의 총의를 짓밟는 이번 아베 정권의 폭거 역시, 결국 전도 투쟁의 거대한 흐름을 불러일으키게 될 것입니다. "오키나와는 결코 굴하지 않는다." — 저는 오키나와 현민의 이와 같은 결의에 전국이 응답하리라고 확신합니다.

일본공산당은 나호 시 헤노코 지역에서의 신기지 건설을 단호히 반대함과 더불어, 후텐마 기지의 무조건 철거를 통해 기지 없는 평화의 섬 오키나와를 만들기 위해 끝까지 싸우겠노라고 굳은 결의를 표명하는 바입니다.

5. 아베 정권 타도를 위한 국민적 운동을 호소함

지금까지 집단자위권, 국민생활과 경제, 원전, 미군기지 — 이 네 가지 이슈에 대해 살펴보았습니다만, 현재 아베 정권이 추진하고 있는 것은, 분야를 막론하고 일본과 일본 국민을 망치는 '망국의 정치'와 다름없다고 저는 생각합니다.

아베 정권은 역대 자민당 정권 중에서도, 전후 최악의 반동정권이라고 볼 수밖에 없습니다.

이런 내각이 지속될수록 일본과 일본 국민들에게 재앙이 초래될 뿐이라는 것은 의심의 여지가 없습니다.

이에 저는 아베 정권 타도를 위한 국민적 대운동을 일으키자고 호소하는 바입니다. 일본공산당은 이 투쟁의 선두에 서는 동시에, 국정을 위한 다음 네 가지 긴급 전환을 강력히 요구하는 싸움을 벌여나가겠습니다.

첫 번째는 '해외에서 전쟁하는 나라' 만들기를 중지하고, 헌법 제9조의 정신을 이어가는 평화로운 일본으로 전환하는 것입니다.

두 번째는 국민생활을 파탄 내는 '거꾸로' 경제를 바로잡아, 국민생활에 최상의 가치를 둔 일본경제의 재생을 실현하는 것입니다.

세 번째는 원전 재가동을 중지하여 '원전 제로의 일본'을 향한 전환을 이루어내는 것입니다.

네 번째는 미군 신기지 건설을 중지하여 기지 없는 평화의 섬, 오키나와를 실현하는 것입니다.

여러분, 각각의 분야에서 힘을 한데로 모아서 투쟁을 확산시키고, 이를 다시 아베 정권 타도를 위한 국민적 운동의 흐름에 합류시키지 않으시겠습니까? 아베 정권 타도를 위해 다함께 힘을 모읍시다.

6. 미래를 책임지는 정당 — 일본공산당을 보다 크고 강하게

1) 강령 — 미래의 나침반을 가진 정당

일본공산당은 미래를 책임지는 정당입니다. 마지막으로 저는 이 정당의 특질에 대해 다음 세 가지 각도에서 말씀드리고 싶습니다.

첫 번째로, 일본공산당은 강령이라는 미래의 나침반을 가지고 있습니다. 우리의 강령은 일본정치의 다양한 문제의 근원에 '대미종속', '재계 중심'이라는 두 가지의 이상異常한 뒤틀림이 자리 잡고 있음을 규명하고, 이 문제를 바로잡아 '국민이 주인공'인 새로운 일본으로 가기 위한 개혁의 방향을 제시하고 있습니다. 지금껏 제가 기술한 바와 같이 우리 일본공산당이 외교에서도 그리고 경제에서도 아베 정권의 폭주와 정면 대결하며, 국민의 입장에서 구체적이고도 건설적인 대안을 제시하도록 하는 근본에는 다름 아닌 '강령의 힘'이 자리 잡고 있다는 사실을 강조하고 싶습니다.

또한 우리의 강령은 인류의 역사가 자본주의에서 끝나지 않고, 이 모순으로 가득 찬 사회를 뛰어넘어 미래사회 — 사회주의 · 공산주의 사회로 나아갈 것이라는 전망을 제시하고 있습니다. 그 미래상의 특질을 한마디로 말하면, 인간의 자유, 인간의 해방입니다. 우리 당은 자본주의로 세상이 끝날 것이라 생각하는 여타의 정당들과 다른 생각을 가지고 있습니다. 특히 눈앞의 주가밖에 관심이 없는 아베 정권과는 더더욱 다를 수밖에 없습니다. 장대한 인류사적 시야를 가진 정당이기 때문입니다. 일본공산당이라는 당명은 이와 같은 우리의 이상과 깊은 관련이 있습니다. 이러한 까닭에 우리는 앞으로도 이 당명을 소중히 여기려고 한다는 말씀을 드리고 싶습니다.

2) 역사 — 확실한 역사를 가진 정당만이 미래를 개척하는 선두에 설 수 있다

두 번째로, 마침 올해로 일본공산당은 창당 92주년을 맞습니다만, 이처럼 확실한 역사를 가진 정당이야말로 미래를 개척하는 선두에 설 수 있음을 저는 호소하고 싶습니다.

일본공산당은 예전에 일본이 전쟁이냐 평화냐 하는 역사적 기로에 섰던 시절, 그 진가를 확실히 검증한 바 있습니다. 1931년 9월 18일, 일본군국주의가 중국 침략전쟁을 개시했을 당시, 이에 결연히 반대의 기치를 내걸고 맞선 정당은 일본공산당뿐이었기 때문입니다. 이 부분과 관련해서 소개하지 않을 수 없는 것은, 전쟁이 개시된 다음날인 9월 19일에 일본공산당이 발표한 성명입니다. 이 성명에서는 다음과 같이 호소하고 있습니다.

> 일본제국주의의 만몽滿蒙침략을 격퇴하라! 봉천奉天을 비롯한 점령지로부터 즉각 군대를 철퇴하라! 단 한 사람의 병사도 전선으로 보내지 말라!

그로부터 일본이 패전하기까지의 15년간, 일본공산당은 일본제국주의의 탄압으로 수많은 선배들이 희생되는 가운데서도, 불굴의 의지로 반전평화의 기치를 이어갔습니다.

하지만, 당시의 다른 정당들은 어땠을까요? 일본공산당을 제외한 모든 정당 — 자민당의 전신인 민정당民政黨과 정우회政友會는 "만주사변은 재만在滿동포의 보호와 기득권익의 수호에 기조를 둔 자위권 발동이므로 결코 철병을 용납하지 않는다"고 결의했습니다. 최근 아베 총리가 자주 입에 올리는 대사들과 상당히 비슷하다는 느낌이 들지 않습니까? 이와 같은 행태를 보이던 정당들은 모두 제2차 세계대전을 앞두고 일제히 해산한 뒤 '대정익찬회大政翼贊會'에 합류하여 침략전쟁을 추진했습니다.

과연 어떤 정당이 진정한 의미에서 일본의 미래를 책임지는 정당이었는지, 이미 역사의 심판이 확실히 내려졌다고 생각되지 않으십니까? 그리고 오늘날, 일본은 다시 한 번 전쟁이냐 평화냐 하는 역사적 기로에 서있습니다.

"일본을 되돌린다"는 명목으로 역사를 위조해서 "전전의 시대로 되돌리려"고 하는 세력에게 결코 굴복해서는 안 될 것입니다.

일본공산당은 지금까지 줄곧 반전평화의 한길을 걸어온 정당으로서의 존재에 의의를 두고, '해외에서 전쟁하는 나라' 만들기를 용납하지 않기 위해 전력을 다하겠노라고, 정당 창립 92주년을 맞이하여 저는 강력히 표명하는 바입니다.

3) 풀뿌리 — 국민의 힘을 하나로 모아, 역사를 움직이고 미래를 개척한다

세 번째로, 일본공산당은 풀뿌리로 국민과 연대하여 함께 미래를 개척하는 정당이라는 것입니다.

일본공산당은 전국에 2만 개 당지부를 두고 30만 명이 넘는 당원과 2,687명의 지방의원들이 소속된, 풀뿌리로 국민과 굳건한 연대를 유지하는 자생력을 갖춘 유일한 정당입니다. 창당 이래 기업·단체 헌금을 1엔도 받지 않고 재정적 자립을 이루고 있는 유일한 정당이 바로 일본공산당입니다.

사회진보란 단순히 지배세력과 국민과의 객관적 모순이 심화되는 것만으로는 실현되지 않습니다. 사회변혁의 주인공은 국민입니다. 주인공인 국민들 가운데 '사회를 바꾸자'는 의지를 가진 다수파가 형성될 때만이 실현될 수 있는 것입니다. 국민 한 사람 한 사람의 힘은 약할지 모르지만 이것이 하나로 모이면 반드시 나라를 움직이고, 역사를 움직이며 미래를 바꿀 수 있습니다. 일본공산당은 국민의 힘을 한데 모아, 사회를 바꾸는 다수파를 만들기 위해 전국적으로 풀뿌리 차원에서부터 꾸준히 노력해온 정당입니다. 이렇듯 국민과 더불어 희망적인 미래를 만들어가는 정당이 일본공산당이라는 점을 저는 이 글을 마무리하며 다시 한 번 강조하고 싶습니다.

2장

일본사회의 변혁과 일본공산당

—《신문 아카하타》 2012년 7월 20일자

그럼 지금부터 '사회변혁의 사업과 일본공산당'이라는 테마와 관련하여 일본사회에서 그리고 새로운 역사를 만드는 사회변혁의 사업에서 일본공산당이 도대체 어떤 사명을 가지고, 어떤 역할을 수행하고 있는지, 아울러 이 정당을 보다 크고 강한 정당으로 만드는 일은 어떤 의미를 갖는지에 대해 이야기해 보도록 하겠습니다.

1. 창당의 정신과 피해지역에서의 활약

우선 언급할 점은 일본공산당이 "국민의 고난을 경감하고, 안전을 지킨다"는 창당의 정신을 가지고 활동하는 정당이라는 사실입니다.

동일본대지진이 일어난 지 1년 4개월이 지났습니다. 그 사이에 집중적으로 피해를 입은 이와테 현, 미야기 현, 후쿠시마 현 등의 세 지역에서 이러한 창당의 정신에 입각한 일본공산당 특유의 분투가 이어지고 있습니다. 물론 하나같이 눈부신 활약이었지만, 저는 그중에서도 특히 다음 두 가지 사례를 소개하고자 합니다.

1) 미야기 현 이시마키 시 — 일본공산당 지부가 부흥의 거점으로

첫 번째는 지진피해로 가장 많은 희생자를 낸 미야기 현 이시마키 시를 중심으로 활동하는 동부지구 당조직의 분투에 관한 이야기입니다.

이 지역에서는 많은 동지들이 가족, 친척, 혹은 친구를 잃고 그 자신들까지 피해를 입은 가운데, 대지진 직후부터 필사적으로 구호활동을 벌여왔습니다. 전국 각지에서 무려 8,000명도 넘는 자원봉사자들이 달려와 3만 2,000명의 이재민들에게 구호물자를 전달했습니다. 그리고 이재민들의 슬픔과 불안 등, 참담한 심정을 어루만지며 분투하는 일본공산당의 모습을 본 시민들 사이에서 '가장 괴로울 때 찾아와준 것은 일본공산당'이라는 신뢰와 평가가 확산되었습니다.

그 와중에 치러진, 지난(2011년) 11월 현의원 선거에서 일본공산당은 다섯 명의 정원이 배정되어 있는 이시마키 · 오시카(牡鹿) 선거구에서 당당히 3위의 득표율을 기록하며 첫 의석을 획득하게 됩니다. 이 승리를 계기로 하여 "부흥을 위해서라도 당이 더욱 커져야 한다"는 인식이 확산되는 한편, 새로운 당원의 영입을 위한 운동이 전개되어 오늘까지 114명의 새로운 동지들을 맞이하게 된 것입니다. "미력이나마 여러분께 도움이 되었으면 한다", "대지진 이후 '누군가를 생각하는 삶의 방식'에 대해 배우게 되었다. 공산당은 이를 실감할 수 있게 해주는 정당이다." — 이와 같은 생각들이 당을 중심으로 결집하면서, 새로운 동료들이 차례로 모여들어 연대의 고리를 넓혀간 결과, 가설주택에 무려 다섯 군데의 공산당 지부가 탄생했습니다. 그리고 이 당지부가 '생활과 부흥을 생각하는 모임'을 각 가설주택마다 개설해서, 이를 매개로 재해 공영주택의 건설을 요구하는 운동이 퍼져나가고 있습니다. 이렇듯 일본공산당과 당지부가 부흥의 거점으로 자리매김하고 있다는 사실은, 실로 우리의 자랑이라 하지 않을 수 없습니다.

2) 후쿠시마 현의회 의원단이 선두에서 분투 — 사상 최악의 원전사고에 대응

두 번째로 소개할 것은 일본공산당 후쿠시마 현의원단과 당조직의 분투입니다.

현재 후쿠시마 현에서는 정부의 원전 '수습선언'과는 달리, 그 피해가 나날이 확대되고 있는 실정입니다. 현내에만 10만 명, 그 외 지역에 6만 2,000명이 피난해 있는 가운데 가족도, 지역사회도 뿔뿔이 흩어져 앞을 내다보기 어려운 곤란한 상황에 놓여 있는 것입니다. 아울러 정부의 '수습선언' 이후, 다양한 시책과 배상작업 등은 현장의 실태를 무시한 채 일방적으로 '수습국면'에 접어들고 있어 주민들의 분노가 확산되고 있습니다. 이처럼 힘든 상황이 이어지는 가운데, 지난 2011년 11월의 현의원 선거에서 일본공산당이 세 석에서 나섯 석으로까지 의석을 늘리는 약진을 이루어낸 것은 정말 대단한 일이라 하지 않을 수 없습니다.

이 현의원 선거에서 내건, 최대 공약의 하나인 '18세 이하 의료비 무료화'와 관련해서, 우리 당의 현의원단은 12월, 2월 의회에서 지역 주민들이 현 밖으로 아이들을 데리고 피난을 가는 심각한 상황이 전개되고 있다면서 "정부가 하려 하지 않는다면 독자적으로라도 실시하라"고 반복적으로 현 당국을 압박했습니다. 그리고 그 결과 "후쿠시마 현에서 독자적으로라도 실시하겠다"는 현지사의 답변을 이끌어내어, 올해(2012년) 10월부터 현 내의 모든 시정촌에서 '18세 이하 의료비 무료화'가 실시되게 되었습니다.

후쿠시마 현 당조직은 사고 직후부터 '현 내 원전 10기 전면 폐로 실시'를 요구하며 주민들과 함께 싸워왔습니다. 그 과정에서 지난해 7월 '현 부흥 비전'에 '원자력에 의존하지 않는 사회 만들기'가 명기되기도 했습니다. 또한 11월에 있었던 현의원 선거 직전에 열린 현의회에서는 신일본부인회 여러분이 제출한 '10기 폐로' 요구 청원이 막판에 자민당 의원들까지 가세하면서 만장일치로 채택되었습니다. 그리고 선거에서 약진을 거둔 일본공산당 현의원단은 현지사에게 청원과 별도로 '10기 폐로'를 요구, 현지사는 이튿날 열린 기자회견에서 12월 책정될 현의 '부흥계획'에 정부와 도쿄전력에 '10기 폐로'를 요구하는 내용을 명기하겠다고 밝혔습니다. '원전 제로'가 '올 후쿠시마'의 흔들림 없는 목소리로 자리 잡게 된 것입니다.

저는 정부가 후쿠시마발 '원전 제로' 여론을 진지하게 수용하여 '원전 제로의 일본'을 향한 정치적 결단을 내릴 것을 강력히 요구합니다.

대지진 때문에 피난한 이후, 돌아갈 날만을 손꼽아 기다리는 주민들, 피난처에 정주할 것을 요구하는 주민들, 장기피폭의 불안 때문에 자체적으로 피난 중인 주민들, 그리고 불안감 속에서도 후쿠시마에 남기를 결정한 주민들에 이르기까지, 모두가 피해자이며 일본국민입니다. 그들 사이에 선을 그어 분열시킬 것이 아니라 다 같이 동등하게 지원해야 할 본연의 의무를 다하라고, 정부에 강력히 촉구하는 바입니다.

3) 대지진 · 원전사고에서 부흥까지 — 두 가지 호소

대지진 · 원전사고로부터의 부흥은 오랜 기간에 걸친 싸움이 될 것입니다. 이와 관련해서 저는 다음의 두 가지를 호소하고 싶습니다.

첫 번째는 모든 피해지역에 대한 지원모금과 자원봉사를 계속적으로 강화하자는 것입니다. 당 차원의 호소에 의한 모금이 현재 10억 엔을 넘긴 상황입니다. 그리고 전국각지로부터 온 자원봉사자의 경우도 올해(2012년) 들어 더욱 늘어나서 도합 2만 8,000명을 넘겼습니다. 수많은 청년들이 적극적으로 참가하고 있는 자원봉사 활동은 농산물 직판장 운영, 물자전달, 민원접수, 문화행사, 각종 환경정비 작업 등 다양한 분야에서 피해지역에 크나큰 격려가 되고 있습니다. 저는 이와 같은 활동의 지속 · 발전을 진심으로 호소하는 바입니다.

두 번째로, 최근 '원전 제로의 일본'을 지향하는 운동이 공전의 규모로 발전하고 있는데, 이러한 운동을 '원전 제로의 일본'과 더불어 원전사고로 인해 고통 받는 모든 이재민들과 후쿠시마의 부흥을 지원하는 일을 중심으로 전개해 가자고 호소하는 바입니다. 이와 관련해서 우리는 이미 중요한 역사적 교훈을 얻었습니다. '원전 제로의 일본'을 지향하는 운동이 '후쿠시마 이재민 지원, 후쿠시마 부흥'을 표방하며 후쿠시마의 고통에 주목해 발전해갈 것을 염원하면서, 우리도 그 일익을 담당하는 데 전력을 기울일 것임을 표명합니다.

2. 일본사회의 변혁과 일본공산당의 세 가지 역할

다음으로 이야기하고 싶은 것은 일본사회의 변혁과 관련하여, 일본공산당이 어떤 역할을 수행하고 있느냐 하는 것입니다.

우리는 '대미종속'과 '재계중심'이라는 낡은 정치의 '두 가지 해악'과 단절하고, '국민이 주인공'인 새로운 일본을 만드는 민주주의 혁명이야말로 일본사회가 직면해 있는 과제라고 생각합니다. 또한 일본사회가 진정 자유롭고 평등한 인간관계로 구성된 사회 — 사회주의·공산주의 사회로 전진할 것이라는 전망을 가지고 있습니다.

이러한 사회변혁의 사업을 이끌어가는 주체, 주인공은 누구일까요? 두말할 필요도 없이 주권자인 국민들 자신입니다. 또한, 국민 다수의 의사와 참여를 바탕으로 한 걸음 한 걸음 사회변혁을 진행하는 다수자 혁명이야말로 우리가 지향하는 목표입니다.

그럼 일본공산당은 여기서 어떤 역할을 할까요? 공산당이 도대체 왜 필요한 것일까요?. 우리는 국민 다수를 사회변혁의 사업에 참가할 수 있도록 하기 위해, 일본공산당이 다음의 세 가지 역할을 수행해야 한다는 생각으로 각고의 노력을 기울이고 있습니다.

1) 제1, 미래의 전망을 제시한다 — '선견성'의 발휘

첫 번째는 '선견성'의 발휘 — 현재 당면해 있는 일뿐만 아니라 먼 장래의 전망까지도 과학적 견지에서 판단하여 국민들에게 제시하는 역할을 수행하는 것입니다.

❙ '경제제언' — "소비세에 의지하지 않는, 또 다른 길이 있다"는 전망 제시

이를테면 소비세 문제와 관련해서 국민들에게 진정한 전망을 제시하고 있는 당은 어느 당일까요?

우리 당은 그간 민주, 자민, 공명 3당이 담합을 통해 진행하려던 소비세 대증세의 길이, 국민들에게 견디기 힘든 고난을 강요할 뿐만 아니라 일본경제를 무너뜨리고, 결국 재정 또한 파국으로 몰아가는 '앞이 보이지 않는 길'이라는 사실을 규명해왔습니다.

지난 2월(2012년)에 발표한 '경제제언'을 통해 "소비세에 의지하지 않는, 또 다른 길이 있다." — 낭비 일소와 "부유층 · 대기업에 응분의 부담 부과" — 이 두 가지를 주축으로 하는 개혁을 동시에 진행한다면, 소비세에 의지하지 않고도 사회보장을 충실히 하고 재정위기를 타개할 수 있을 것이라는 의견을 제시한 바 있습니다. 우리는 이 길이야말로 오늘날 일본사회가 직면해 있는 경색국면을 타개하고 국민들에게 밝은 전망과 희망을 제시해 주는 길이라고 확신합니다.

이 대목에서 저는 누구처럼 "증세 전에 해야 할 일이 있다"는 말은 하고 싶지 않습니다. "증세 전에 해야 할 일이 있다"는 주장에서는 어떤 밝은 전망이나 희망도 보이지 않기 때문입니다.

첫 번째로, 이 주장은 '해야 할 일'을 하고 난 후의 증세를 전제하고 있습니다. '소비세 증세'라는 똑같은 길로, 결국 순서만 바꿔 걸어가게 되는 것입니다.

두 번째로, 그 '해야 할 일'의 내용이 '살을 에는 개혁'이라는 이름으로 공무원의 정원과 급여를 삭감하고, 중의원 비례대표 정수를 줄이는 등, 국민생활과 민주주의에 대한 파괴행위에 다름 아니라는 사실을 지적하고 싶습니다. 이 주장의 '원조'를 자처하는 민나노당みんなの党 등은 사회보장비를 무려 2할, 총액 6조 원이나 삭감해야 한다는 황당무계하지만, 만일 실행된다면 의료나 개호뿐만 아니라 연금까지도 밑바닥에서부터 붕괴하는 원인이 될 수 있는 주장을 하고 있습니다.

"소비세에 의지하지 않는, 또 다른 길이 있다." — 이 사실을 제대로 알릴 때만이, 비로소 국민들은 투쟁의 전망을 손에 넣을 수 있을 것이라 생각합니다. 일본공산당은 이와 같은 '선견성'을 적극적으로 발휘해서 증세 중단을 위해 분투할 것입니다.

▌외교비전 — 미·일 안보의 시비를 피해갈 수 없는 문제로

미군기지 문제와 관련해서 국민들에게 진정한 전망을 제시하고 있는 당은 어느 당일까요?

오스프리의 오키나와 후텐마 기지 배치가 심각한 문제로 불거지고 있습니다. 추락 사고가 반복되어 '과부 제조기'라고도 불리는 이 위험한 군용기의 배치와 관련해서, 오키나와 주민들의 분노가 확산되어 주민대회 개최가 결정되었습니다. 저공비행 훈련이 진행되는 본토에서도 분노의 목소리가 확산되고 있음은 물론입니다.

더욱 심각한 것은 미 · 일 양국 정부가 이를 '미 · 일 안보조약상의 권리'를 방패삼아 강요하고 있다는 사실입니다. 하지만 그런 태도를 취할수록 결국 '미 · 일 안보의 시비'만 문제로 부각될 뿐입니다. 실제로 지역언론인 《류큐琉球신보》의 경우 사설을 통해 "(오스프리 배치에 반대하는 주민대회는) 미 · 일 안보 붕괴에 대한 경고"라는 주장을 제기했습니다. 아울러 《에히메愛媛 신문》 사설 또한 "오스피리 배치를 중단하고, 이를 미 · 일 안보 재고의 계기로 삼아야 한다"며 일침을 가했습니다.

얼마 전, 저는 정부에 "오스프리 배치를 중단하고 미 · 일 안보 재고의 계기로 삼으라"는 요청을 했습니다. 당시 제가 후지무라 오사무藤村修 관방장관과의 회담에서 "정부가 안보를 방패로(오스프리 배치를) 강요한다면, 결국 그 안보 자체가 뿌리째 흔들리게 될 것"이라 비판하자, 장관이 "그렇겠네요"라며 이를 인정하기도 했습니다. 무슨 남의 이야기하듯 말입니다. 따라서 우리는 "오스프리 배치를 중지하라"는 이 요구를 미 · 일 양국 정부에 끝까지 관철시키도록 하겠습니다.

최근 저는 정세의 크나큰 변화를 실감하고 있습니다. 한때는 TV토론 등에 출연해 '미 · 일 안보 폐기'에 관한 이야기를 하면, "공산당이 터무니없는 소리를 한다"면서 사람들이 '우주인' 쳐다보듯 하던 시절도 있었습니다. 하지만 이제 와서는 결국, 누구도 이 문제를 피해갈 수 없는 상황이 되지 않았습니까.

우리 당은 '외교비전' — "미 · 일 안보조약이 사라지면 어떤 전망이 펼쳐질 것인가"를 자주 언급하고 있는데, 여기서 언급했던 바와 같이 "미 · 일 안보조약을 없앤다"는 입장에 설 때만이, 기지문제 해결을 위한 길도, 일본과 동아시아 안전보장의 길도, 일본의 경제주권 회복을 위한 길도 봄볕에 서리 걷히듯 미래의 전망이 보이게 될 것입니다.

이를 국민 다수의 의견으로 만들어 다함께 진정한 독립국가 일본, 헌법 제9조의 빛나는 가치를 수호하는 평화로운 일본을 향한 길을 열어가야 하겠습니다.

2) 제2, 어떤 박해 · 공격 · 방해에도 굴하지 않는다 — '불굴성'의 발휘

▎오늘날 변혁의 사업에 있어 '불굴성'이란 무엇인가 — 거대 미디어와 다수자 결집의 투쟁

두 번째 역할은 '불굴성'의 발휘 — 다양한 과제들을 해결함에 있어 어떤 박해 · 공격 · 방해에도 굴하지 않고 끝까지 최선을 다하는 것입니다.

오늘날 변혁의 사업에 있어 '불굴성'이란 무엇일까요?

물론 요즈음에는 제2차 세계대전 이전 시기처럼 특별고등경찰의 탄압이나 투옥 같은 문제가 벌어지지 않습니다. 하지만 당시와 비교하더라도 그 심각성이 결코 덜하지 않으며, 해결에 끈기가 요구되는 과제 또한 존재합니다. 바로 세계적으로 볼 때도 비정상적이라 할 정도의 규모로 발달한 거대미디어가 하나같이 '권력의 감시역'이라는 본분을 저버리고 권력과 일체화해서 '악정惡政의 나팔수'로 타락해 있다는 사실입니다. 이러한 곤란에 굴하지 않고 국민 다수를 결집시키는 일에서 요구되는 것이 '불굴성'의 발휘입니다.

최근 거대 미디어가 소비세 증세, TPP 추진 그리고 원전 재가동 추진 등과 관련해 수행한 역할들을 되짚어 보시기 바랍니다. 소비세 증세 법안 문제가 불거진 1개월 동안 《요미우리신문》에 실린 사설은

16개, 《아사히신문》에 실린 사설은 14개였습니다. 각각 이틀에 한 번 꼴로 증세 추진에 대한 사설을 실었습니다. 자신들이 실시한 여론조사에서 국민의 5할에서 6할이 증세에 반대한다는 결과가 나왔음에도, 그 목소리에 귀를 기울이지 않은 것입니다. 그렇게 실컷 부채질을 하다가 증세 법안이 중의원에서 체결되고 나니 그제야 조금 안심이 되었는지, "소비세 증세가 민주당의 공약에 반한다는 것은 의심의 여지가 없다"(《아사히신문》), "공약이행을 소홀히 하는 것은 유권자를 우롱하는 행위다"(《요미우리신문》) 운운하는 주장을 실었습니다. 도대체 누가 누구에게 공약을 파기하는 이야기를 하는 것일까요?

▍《신문 아카하타》는 "지극히 공정하다"고 평가

이러한 상황하에서 국민 다수를 사회변혁의 사업에 결집시키기 위해 정치 · 사상 · 문화 면에서 불굴의 의지를 가지고 투쟁해야 할 필요가 있습니다. 다양한 분야에서 국민들을 결합시키고 그 요구에 기초한 운동을 발전시킴과 더불어, 《신문 아카하타》라는 국민적 미디어, 거대 미디어들이 외면하는 진실을 보도하는 이 신문을 꾸준히 성장시키는 사업에 쉼 없이 매진하는 일이야말로, 새로운 일본을 향한 길을 열어가는 힘이 될 것이라고 생각합니다.

특히 저는 요즈음 이를 위한 새로운 조건이 성숙되어 있음을 강하게 실감합니다. 매월 100건이 넘는 《신문 아카하타》 구독 신청이 당본부로 밀려들어 사상 최고수준을 기록하고 있습니다. 오사카의 어느 여성은 구독신청과 함께 다음과 같은 코멘트를 남기기도 했습니다. "인터넷에서 읽고, 이 신문은 지극히 공정하며 신문 본연의 보도 자세를 견지하고 있다고 느꼈습니다." 예전에는 《신문 아카하타》라면 덮어놓고 '편파적'일 것이라고 오해부터 하는 분들도 있었는데, 이제는 "지극히 공정하다"는 평가를 받고 있다는 것을 생각하면 실로 기쁘기 한량없습니다. 이렇듯 거대 미디어에 대한 불신과 비판이 확산되는 가운데, 《신문 아카하타》에 대한 관심과 주목이 퍼져나가고 있습니다. 이에 우리는 확신을 가지고 이 국민적 미디어를 더욱 크게 성장시키는 일에 열과 성을 다하고자 합니다. 부디 여러분들께도 아낌없이 협력해 주실 것을 진심으로 호소하는 바입니다.

3) 제3, 국민과 손잡고 함께 싸운다 — '풀뿌리의 힘'을 발휘

▌전국적 분투로 쌓아올린 '풀뿌리의 힘'

세 번째 역할은 국민과 함께 생활하고, 연대하고, 투쟁함으로써 공동의 미래를 여는 '풀뿌리' 정당으로서 그 힘을 발휘하여 분투하는 것입니다.

일본공산당은 전국에 31만 명의 당원과 지잡, 지역, 학원 등 모두 합쳐 2만 개가 넘는 당지부, 2,743명의 지방의원, 그리고 130만 명의 《신문 아카하타》 구독자를 가지고 있습니다. 전국 1,789개 지자체 가운데 98.1%의 지자체에 당지부가 있으며, 그중 77.8%의 지자체에서 당 소속 의원들이 주민들의 바람을 실현하기 위해 매진하고 있습니다. 다른 정당의 경우, 의원이 있는 지자체 비율이 자민당 21.8%, 민주당 21.9%, 공명당 65.6%, 사민당 14.1% 등이니 일본공산당의 77.8%는 그야말로 압도적인 1위라고 하겠습니다.

얼마 전에 있었던 위로부터의 시정촌 합병으로 인해, 최근 10년간 지방의원의 총수가 56%로 축소됨에 따라 일본공산당의 의석수 또한 줄어들었습니다. 하지만 지방의회에서의 의석 점유율은 오히려 7.05%에서 7.82%로 늘어났습니다. '양당제 만들기'라는 역풍을 '풀뿌리의 힘'으로 극복한 것입니다. 국민 여러분의 지원과 당원 그리고 후원회 여러분이 분투한 덕분이었습니다.

▎방사능으로부터 주민들의 생명과 건강을 지키는 활동에 관하여

지난 원전 사고로 유출된 방사능으로부터 주민들의 생명과 건강을 지키는 활동이 전국적으로 전개되고 있습니다. 집계를 살펴보면, 당 차원에서 방사선량 측정과 제염 활동 등을 벌이고 있는 곳은 26개 도도부현, 334개 지자체 · 행정구 등을 모두 합쳐 약 4만 군데에 달합니다.

도쿄 도의 경우, 지난해(2011년) 5월 우리 당 도의회 의원단이 재빨리 도내 128개 지역에서 방사선량을 측정, 결과를 공표한 것이 큰 반향을 불러일으켜 지자체 당국으로서도 어쩔 수 없이 독자적인 측정을 시작할 수밖에 없었습니다. 이를 계기로 도내 49개 모든 시 · 구와 7개 정 · 촌에서 우리 당의 의원단이 당지부 여러분들과 협력해서 수천에서 최대 1만 군데가 넘는 지역의 방사선량 측정활동을 진행하여 시와 구 당국을 제염활동에 나서게 했습니다. 이와 더불어 방사선으로부터 아이들을 지키려는 젊은 엄마 · 아빠들의 모임과 연대한 활동 또한 확산되고 있습니다. 자택 우체통에 들어 있던 우리 당의 전단을 보고, "하나님이 전해주신 게 아닐까 하는 생각이 들었다"며 공동 활동에 참여하게 된 한 어머니의 이야기도 들었습니다. 사실 도쿄 도의 경우,

도내 각 지역에서 핫스팟hot spot이 발견되어도 제염에 소극적인 편이었습니다. 그러나 최근에 우리 당의 도의원단이 도립 미즈모토水元 공원에 대한 방사선량 조사를 진행하여 기준치를 넘어서는 결과가 나타나서 이를 추궁하자 결국 도 차원의 제염작업을 진행할 수밖에 없었습니다. 이렇듯 정치를 움직이는 일을 훌륭히 해낼 수 있는 것은 바로 '풀뿌리의 힘'입니다.

이러한 활동에 매진하고 있는 정당이 일본공산당 말고 또 있을까요? 저는 바로 이 부분과 관련해서 "국민의 고난을 경감하고 안전을 지킨다"는 창당의 정신과 더불어, 우리가 자랑하는 '풀뿌리의 힘'이 발휘되고 있음을 강조하고 싶습니다.

4) '일점공투(一点共鬪)'를 발전시켜, 일본사회를 바꾸는 새로운 통일전선을

▎다양한 분야에서 '일점공투'가 공전의 규모로 확대되고 있다

현재 소비세, 원전, TPP, 미군기지 등의 여러 분야에서 정치적 입장 차이를 넘어선 — '일점공투'가 공전의 규모로 확대되고 있습니다.

종래에 보수라 불리던 분들과 전례 없이 폭넓은 연대가 이루어지고 있는 것입니다. TPP 반대와 관련해서는 JA(농업협동조합), 의사회, 건설업계 등과의 공동투쟁이 발전하고 있습니다. 정당 창립 90주년을 맞아 각계의 수많은 분들로부터 따뜻한 메시지가 전해지기도 했지만, 특히 전국농업협동조합중앙회, 전국어업협동조합연합회, 전국삼림조합연합회 등으로부터 일제히 축사를 받은 것은 우리 당의 90년 역사상

초유의 일이었습니다. 메시지를 보내주신 모든 분들께 다시 한 번 진심어린 감사의 마음을 전하는 바입니다.

많은 시민들이 거리로 나와 목소리를 높이기 시작하고 있습니다. 특히 '탈 원전' 운동의 일환으로 총리관저 앞에서 진행된 '재가동 반대' 항의 행동의 경우, 적게는 10만 명에서 많게는 20만 명에 이르는 시민들이 참가하는 공전의 규모로 발전했으며, 그저께 있었던 '사요나라 원전 10만 인 집회'도 무려 17만 명이 참여하는 대성공을 거두었습니다. 이 정도 규모로 시민들이 거리로 달려 나온 것은 1960년대 안보개정 반대투쟁 이래의 역사적 사건이라 하지 않을 수 없습니다.

▍다양한 분야에서 '일점공투'가 공전의 규모로 확산되고 있다

이 방대한 연대의 흐름 속에서 일본공산당은 서로의 일치점을 중시하며 운동의 발전에 성실히 힘을 쏟는 자세로 일관해왔습니다. (그렇다 보니 저는 TPP 반대 집회에 불려갈 경우, 다른 분들과의 견해차를 고려해 소비세와 관련한 이야기는 하지 않습니다.)

그와 동시에, 어떤 방향에 현상 타개의 전망이 있는지를 제시하고, 어떤 방해와 억압에도 굴하지 않으며, 풀뿌리의 힘으로 함께 싸우는 '선견성', '불굴성', '풀뿌리의 힘'을 발휘하는 분투를 거듭해 왔습니다.

이러한 자세에 대해, 일본사회의 공감과 신뢰가 전해지고 있습니다. 저도 참가한 가운데 진행된, 우리 당의 경제 간담회에서 JA 홋카이도 후생농업협동조합연합회 오쿠노 이와오奥野岩雄 회장은 "식량자급률을 39%까지 떨어뜨린 것은 자민당이고, 이것을 다시 TPP로 13%까지 떨어뜨리려 하고 있는 것이 민주당이다. 반면, TPP에 단호히 반대하며 일관되게 농업을 지키려 하는 것은 오직 공산당뿐이다. 깊이 감사하며 경의를 표하는 바이다"라고 감사의 격려 말씀을 해주셨습니다.

한편《신문 아카하타》는 총리관저 앞에서 진행되는 '탈 원전' 항의 행동의 참가자가 수백 명 규모이던 때부터 일관되게 참가자들의 마음을 전하며 신뢰를 쌓아가고 있습니다. 6월 30일자《신문 아카하타》 1면 보도에 대해 다음과 같은 트윗tweet이 전해졌습니다. "어젯밤 총리관저 앞에서 진행된 항의 행동을 주요기사로 보도했던《신문 아카하타》. 전차 안에서 1면을 주변 사람들이 볼 수 있도록 오랜 시간 동안 펼쳐 놓았다. 제대로 살아가기 위해서 반드시 알아둬야 할 사실이니까."

정말 얼마나 큰 격려가 되는지 모르겠습니다.

지금 일본사회에서는 수많은 과제들과 관련한 '일점투쟁'이 거듭되면서 '중층적 공투'로 발전하는 상황이 전개되고 있습니다. 우리는 이 각각의 '일점공투'가 서로간의 연대를 강화해서, 일본을 바꾸는 새로운 통일전선으로 발전할 수 있도록 지혜를 다해 끝까지 노력을 게을리 하지 않을 것입니다.

3. 당 만들기의 역사를 배워, 보다 크고 강한 정당을

일본에서 사회변혁의 사업을 진행하기 위해 가장 중요한 것은 앞서 언급한 '선견성', '불굴성', '풀뿌리의 힘'이라는 세 가지 역할을 다하는 일본공산당이 보다 크고, 강한 정당이 되는 일입니다.

여기서 잠시, 우리 당의 역사 가운데 당 만들기의 고투와 탐구에 관련된 부분을 살펴보도록 하겠습니다.

1) 전전 — 암흑정치 아래서 보여준 《적기(赤旗)》의 역할과 이를 뒷받침한 활동

▎《적기》의 논진 — 일본 저널리즘 역사에 남을 자랑스러운 기록

일본공산당은 1922년 창립 당시부터 천황제 하의 암흑정치에 정면으로 맞서, 국민주권과 반전평화의 기치를 내걸어 왔습니다. 바로 그런 이유로 비합법 정당이 되어 혹독한 탄압을 받기도 했습니다. 이 상황에서 천황제 권력의 장애나 제약에 굴하지 않고 당의 주장을 아무 두려움 없이 당당하게 공표한 것이 바로 《적기》였습니다.

제2차 세계대전 이전, 지금의 《신문 아카하타》는 《적기》라는 이름으로 불렸습니다. 《적기》는 1928년 2월 1일에 창간되었고, 이 《적기》를 통해 일본공산당은 처음으로 국민들 앞에 그 모습을 드러내게 되었습니다. 그 후 탄압으로 인해 몇 번이나 발간을 중단당하면서도, 발간 이후부터 1935년 2월까지 무려 7년간 빛나는 논진을 역사에 남겼습니다.

1931년 9월에 일어난 '만주사변' — 중국침략전쟁의 개시에 즈음하여 《적기》는 몇 달 전부터 일본제국주의가 침략전쟁에 나서려 하고 있음을 구체적으로 폭로하며 "일본제국주의의 전쟁준비에 맞서 싸우자!", "한 사람의 병사도 보내지 말라"고 호소했습니다. 또, 전쟁 개시 직후부터 이 전쟁이 '새로운 영토 침략을 위한 전쟁'임을 지적하고 거침없이 비판하며 지속적으로 반전 평화의 논진을 폈습니다.

당시 거대 신문사들은 전쟁을 예찬하는 입장에 서서 '지키자 만몽, 제국의 생명선'이라는 군부의 슬로건을 그대로 인용하는 등, 지면을 전쟁 찬미에 관한 내용들로 메웠습니다. 사실 당시의 거대 신문들을 보고 있으면, 아직까지도 그 단계에서 조금도 진보하지 않았다는 느낌을 지울 수 없습니다.

그러한 환경에서 《적기》가 반전 평화의 기치로 일관했다는 것은, 단지 《적기》의 명예일 뿐만 아니라, 일본 저널리즘 역사에 기록될 자랑스러운 일이라고 생각합니다.

▌비합법 체제하에서 《적기》는 어떻게 발행되었는가?

비합법 신문 시절, 《적기》를 가지고 있기만 해도 체포·투옥되었습니다. 지금처럼 전차 안에서 펼쳐 놓는다든가 하는 일은 상상조차 할 수 없는 일이었습니다. 인쇄·배포도 끊임없이 탄압을 받았습니다. 창간 당시 《적기》는 등사판 인쇄를 통해 발행되었습니다. 그러던 것이 1931년 4월부터 활자 인쇄가 시작되면서 A3판에 6페이지에서 8페이지 분량으로 3일에서 5일마다 발간되어 최고부수가 약 7,000부에 이르게 되었습니다. 현재 활자 인쇄되어 나온 최초의 《적기》는 당본부에 남아있는 있는 것도 2부뿐이라서 비닐케이스에 넣어진 상태로 소중히 보관 중입니다.

단지, 소장하고 있다는 사실만으로 체포·투옥이 되던 시대에 7,000부나 발간되었다는 것은 실로 놀라운 수치라 하지 않을 수 없습니다. 뿐만 아니라 한 부의 《적기》를 몇 사람의 독자들이 돌려가며 읽기까지 했다고 합니다. 1932년 당시, 《요미우리신문》의 발행부수가 삼십 수만 부였던 것을 감안하면 선배들이 이룬 업적이 얼마나 대단한 것이었는지 알 수 있다 하겠습니다.

그렇다면 이 《적기》는 어떻게 발행되었을까요? 데즈카 히데타카手塚英孝 씨의 「《적기》 지하인쇄」라는 논문에 자세한 기록이 남아있습니다. 물론 '지하인쇄'라고는 해도 지면에 땅굴을 파서 인쇄소를 만들 수 있는 것은 아닙니다. 실제 《적기》를 인쇄한 것은 거리에서 흔히 볼 수 있는 인쇄소였습니다. 다만, 인쇄의 모든 공정을 한 군데의 인쇄소에서만 해결하면 그곳이 탄압을 받게 될 경우, 발행이 중지될 위험성이 있었습니다. 따라서 일단 인쇄소를 수배하고 조판(활자를 짜는 것), 지형·연판 제작, 인쇄 등 네 단계 공정을 각각 나누어 릴레이 형태로 진행하여 신문 제작이 이루어졌습니다.

각 과정을 진행하는 가운데, 연락 장소에서 공안당국에 의해 체포되지 않도록 세심한 주의도 기울였습니다. 이 활동에 관여했던 하야시다 시게오林田茂雄 씨는 다음과 같이 생생한 회상(『《적기》 지하 인쇄국원의 이야기』)을 전하고 있습니다.

> 인쇄부 활동을 시작하자마자, 나는 업무에 쓸 은어를 만들었다 …… 이를 자연스럽게 쓸 수 있는 말로 바꾸어야 할 필요가 있었다. …… 해서, 이런 저런 모색을 거듭한 끝에 양복점에서 쓰는 용어들을 선택하게 되었다. 원고는 주문전표, 지면배정은 치수 기입, 조판은 재단, 교정은 가봉, 용지는 원단, 신문은 신사복, 팸플릿은 조끼, 그리고 전단은 행커치프라고 하는 식으로 은어가 완성되었다.

이 결과, 이를테면 간다神田의 국수집에서 두 사람의 남성이 대화를 할 경우, "양복 주문전표는 보냈나?", "지금 치수 기입을 하고 있는 중인데", "그럼 모레쯤 가봉을 하겠네. 본바느질은……" 하는 식으로 연락이 이루어질 수 있었습니다.

활판 인쇄는 1932년 4월부터 1933년 12월까지 1년 9개월간 계속되었습니다. 그 후 다시 등사판으로 신문이 발행되다가 1935년 2월에는 탄압으로 신문 발행이 불가능해지게 되었습니다. 이후 10년간은 일본이 침략전쟁을 중국 전 지역을 비롯해, 아시아·태평양지역으로까지 확대시키는 가운데 막대한 희생자를 내며 파국으로 치닫던 시대였습니다. 그러나 암흑시대의 《적기》가 내걸었던 정의와 양심, 이성에 기초한 주장들은 결국 역사에 의해 검증되었으며, 그렇게 선배들의 투쟁이 오늘날까지도 그 생명력을 발휘하고 있습니다.

2) 전후 — 자주독립, 강령노선에 입각한 정당 만들기의 노력

❙ 제7회 당대회(1958년) 이후

제2차 세계대전 이후, 당 만들기와 관련한 여러 가지 곡절이 있었습니다. 여기서는 오늘날까지 당 만들기의 초석이자 토대가 된 1958년 당대회 이후의 당 만들기 노력에 대해 소개해 보고자 합니다.

제7회 당대회는 소련의 간섭으로 일어난 '50년 문제'를 깊이 총괄하고, 당을 통일해 자주독립의 노선을 확립한 대회였습니다. 하지만 당시 일본공산당 당원 수는 3만 6천 명, 게다가 《아카하타》 독자의 수도 4만 7천 명까지 줄어들었습니다. 바로 이 시기를 기점으로 크고 강한 당 만들기를 위한 본격적인 노력이 시작되었습니다. 이 시기는 오늘날까지 이어지는, 국민에 뿌리내린 당 만들기의 원점이기도 합니다.

1958년 11월에 있었던 중앙위원회 총회 — 제7회 당대회, 제3회 중앙위원회 총회에서는 '당 생활 확립과 당세 확대의 운동'을 호소하며, 당 생활 확립의 기준으로는 첫째 정기적인 지부회의 개최, 둘째 《아카하타》 읽기, 셋째 당비와 《아카하타》 대금 납부 등 세 가지 목표가 제시되었습니다. 모두 다 지금도 계속되고 있는 것들이지요. 또한 《아카하타》 일요판 발행도 결정되었습니다. 당시, 시가 현 담당으로 활동하던 하마노 타다오浜野忠雄 부위원장은 다음과 같이 회고합니다.

> 회의 한 번 열기도 쉽지 않았다는 말에는 '50년 문제'*를 경험한 당원들의 고뇌·갈등이 담겨 있습니다. 잘못된 활동에 목숨을 걸고 뛰어들었던 당원들 사이에 '지금까지의 활동은 도대체 뭐였나' 하는 생각이 뿌리깊게 박혀 있었기 때문입니다. 물론 당기관의 지도부는 뭘 했느냐는 맹렬한 추궁도 있었습니다. 하지만 이들도 결국 모두 공산당원이었지요. 그래서 시간이야 좀 걸렸지만 회의가 거듭될수록 '공산당원의 혼'이 되살아나 어떻게 싸울 것인가, 그리고 어떻게 당을 보다 크고 강하게 만들 것인가에 대한 논의가 차츰 열기를 띠게 되었습니다.

---

* 미국 점령군은 1950년 한국전쟁 시작을 전후로 일본공산당 지도부 전원을 공직에서 추방하는 한편, 《적기》의 발행을 금지하고 당을 반(半)비합법 상태로 만들었다. 이와 같은 탄압은 당연히 불법적인 것이었지만, 문제는 당시 일본공산당 자체도 구소련·중국으로부터의 간섭으로 분열된 상태였다는 점이다. 폭력적인 간섭을 일삼던 세력과 내통하던 이들이, 탄압에 맞서 싸워야 하는 그 상황에 오히려 탄압을 이용해 당의 분열을 획책했던 것이다. (역자 주)

회의 한 번 여는 것조차 쉽지 않던 상황에서 출발한 그 시절, 1959년 6월부터 8월까지 열린 중앙위원회 총회(합계개최일수 13일) — 제7회 당대회 제6회 중앙위원회 총회에서는 당원을 두 배로 늘리는 '당세 배가운동'을 제안하고, "당을 확대 강화하기 위해 모든 당원 동지들에게 보내는 편지"를 발표했습니다. "당이 확대되지 못하는 것은 정치노선에 오류가 있기 때문이다", "대중운동에 힘을 실어주면 자연히 당세도 늘어난다. 대중운동과 관련한 대처가 약하기 때문에 당세도 확장되지 않는 것이다", "강령도 아직 정해지지 않았는데 당세가 확대될 리 없다" 등, 심지어 나중에는 강령조차 반대하며 결국 당을 이탈하게 되는 사람들로부터 맹렬한 반대의견이 제기되는 가운데, 장장 13일에 걸친 논의 끝에 반대론을 극복하고 발표된 것이 이 '편지'였습니다.

당시, 안보투쟁이 시작되면서 일본공산당의 역할도 커졌습니다. 하지만 1959년 6월에 치러진 참의원선거에서 당의 득표와 득표율은 오히려 크게 줄어들었습니다. 아무리 국민운동이 고양되고 일본공산당이 커다란 역할을 수행해도 그것만으로는 선거에서 좋은 결과를 낼 수 없고, 당 또한 더욱 커지지 않는다는 점이 사실로 드러난 것입니다. '편지'를 발표하게 된 것은 바로 이러한 이유에서였습니다.

이 '편지'에는 지금 읽어보더라도 우리의 심금을 울리는 내용이 담겨 있습니다. "당세가 약하기 그지없는 이 상황에서, 보다 큰 당을 만드는 것 외에 현실정치를 움직일 방법은 없다. 제8회 당대회까지 당세를 배가시키자." 절절한 울림이 전해져 옵니다. '편지'에서 "답장은 당 중앙위원회로 보내 달라"는 말로 마무리되었는데, 실제로 이 요청에 대한 전당적 응답이 이루어졌습니다. 92%의 지부가 답장을 보낸 것입니다. 그리고 모든 도도부현의 당원이 배가되어 1961년 제8회 당대회를 맞아 당의 강령 · 노선이 확정되기에 이릅니다.

▍지금 우리가 힘을 쏟고 있는 정당 만들기의 초석은 이 시대에 쌓아올려졌다

1960년 8월에 열린 제1회 전국활동자회의에서는 '두 발을 딛고 선 당활동' — 국민 요구의 실현을 위한 투쟁과 일체화하여 독자적인 당세 확장을 추구한다는, 오늘날 우리가 '당 활동의 양축'으로 발전적으로 계승하고 있는 방침이 제기되었습니다. 그리고 1962년 10월에 열린 중앙위원회 총회 — 제8회 당대회 제4회 중앙위원회 총회에서는 '기관지 중심의 당 활동'이 제창되기도 했습니다. 지금 우리가 힘을 쏟고 있는 당 만들기의 초석과 토대가 쌓아올려진 것입니다.

물론 당 만들기 사업과 관련해서 이에 반대하는 논리와 싸웠던 역사도 존재합니다. 1960년대 중국 · 마오쩌둥 파의 간섭이 있었을 당시, 그 추종자들은 "부탁하지 않으면 와주지도 않을 사람을 뭐 하러 입당시키나", "아무 소리 하지 않아도 다가오는 사람을 모아야 혁명당이 가능해진다" 등의 논리를 펴며 당 만들기를 반대했다고 합니다. 그리고 이러한 문제들을 하나하나 극복하는 가운데, 당 만들기가 진행되었던 것입니다.

1970년 제11회 당대회가 개최될 때까지 당원은 3만 6천 명에서 30만 명으로, 《아카하타》 독자는 4만 7천 명에서 180만 명으로 늘어났습니다. 꾸준한 노력이 1970년대 일본공산당 대약진의 길을 열어준 것입니다.

이 시기, 선배들의 피땀으로 쌓아올린 당 만들기의 초석은 오늘날에도 그 생명력을 이어가고 있습니다. 이 원점으로 돌아가, 어떻게 해서든 보다 크고 강한 당을 만들어가야 합니다. 또한 선배들에 대한 감사의 마음을 담아 다시금 결의를 새롭게 해야 하겠습니다.

3) 21세기를 개척하는 크고 강한 정당을

▌제22회 당대회(2000년)에서의 당 규약 개정이 갖는 의미

당 만들기를 위한 노력은 1980년 '사공합의社公合意'*라는 일본공산당 봉쇄를 목적으로 한, '올all 여당' 체제하에서 곤란과 후퇴에 직면한 적도 있었습니다. 하지만 오늘날 우리는 이러한 정체·후퇴를 타파하고 "보다 크고 강한 당을 만들어, 총선거에서의 약진"을 이루어내기 위해 도전하고 있는 중입니다.

21세기의 당 만들기를 위한 새로운 초석을 다지는 계기로서, 저는 지난 2000년 제22회 당대회에서 이루어진 당 규약 개정에 대해 언급하지 않을 수 없습니다.

규약 개정은 일본공산당과 일본사회의 관계 속에서 일어난 변화를 반영하고, 대중들이 이해하기 쉽고 오해를 낳지 않게 한다는 방향에서 이루어졌습니다. 그 과정에서 이를테면 당시까지 존재하던 '전위정당前衛政黨' — 참 오랜만에 등장한 말입니다만 — 이라는 규정이 삭제되었

---

* 1970년대 일본공산당의 약진에 두려움을 느낀 우익정치세력은 일본공산당을 봉쇄하기 위해 사회당·총평(일본 노동조합 총평의회) 블록을 반혁신(反革新) 진영으로 끌어들이는 혁신 분열 작전을 펼쳤는데, 이 결정적 전기가 된 것이 1980년 사회당과 공명당이 일본공산당에 대한 배제와 미·일 안보조약의 용인 등을 중심내용으로 해서 체결한 '사공합의'였다.

습니다. 당시까지 '전위'라는 말은 실천적으로는 '불굴성', 이론적으로는 '선견성'이라는 의미를 표현하기 위해 사용되었습니다. 물론 이 정신을 확실히 계승한다는 점은 명료히 해둘 필요가 있지만, 또한 '전위'라는 말이 '지도하는 자' 혹은 '지도받는 자'라는 오해를 낳을 수 있다는 점을 감안해서 아예 말 자체를 삭제하게 된 것입니다.

규약 개정은 오늘날 다양한 '일점공투'가 확산되는 가운데, 저는 우리 일본공산당이 많은 사람들과 같은 눈높이에서 마음을 나누고 신뢰관계를 구축해나가는 데에 있어서도 대단히 소중한 의미를 갖는다는 점을 강조하고 싶습니다.

❙ "일본의 동지들은 멋진 기치 아래 모여 있다" — 독일로부터의 주목

일본공산당의 당 만들기에 국제적 주목이 쏠리고 있습니다.

독일 좌파당(Die Linke)의 만프레드 존Manfred Sohn 씨는 그 당에서 발행하는 월간지에 올해(2012년) 개최된 일본공산당의 당기 게양 행사를 소개하는 논문을 실었습니다. 그 글은 일본공산당의 특질로서 첫째, "자신들만의 역사에 확고한 근거를 둔" 자주독립의 당, 둘째, "계속적으로 이어지는 강령 · 고전 교실"을 통해 볼 수 있듯이 "강령의 기초에 관한 학습의 계통성系統性"을 가진 당, 셋째, 이로 인해 선거에서의 "후퇴마저 냉정히 분석"해 전도를 개척하는 힘을 가진 당이라는 점을 열거하고 있습니다. 그리고 넷째, "머나먼 일본으로부터 발트 해와 알프스 산맥 사이에 있는 우리에게 전해지는 …… 가장 소중한 교훈"으로서, 일본공산당이 "정세를 타개해 나갈 수 있을지 여부는 당원과 독자적 미디어의 확대, 그리고 국민들 가운데서 당원들이 모범적인 역할을 보다 적극적으로 수행할 수 있을지 여부에 달려 있다"는 입장에서 "당세 확장을 위한 운동에" 매진하고 있는 것에 주목하고 있습니다. 논문은 다음과 같은 말로 마무리되고 있습니다.

> 일본의 동지들은 다음과 같은 멋진 기치 아래 모여 있다. "우리는 당 생활 확립의 3원칙 — 지부회의 참가, 《아카하타》 일간지 읽기, 당비 납입 — 을 마음에 새김으로써 당을 더욱 강하게 만들어갈 것이다." 만약 우리가 이러한 일들에 성공한다면, 본격적인 전진을 이룰 수 있을 것이다.

우리는 전전 시대의 선배들이 경험한 당 만들기의 고투苦鬪를 배우고, 전후 시대의 당 만들기 개척자들이 해낸 힘겨운 싸움을 가슴에 아로새기는 한편, 저 먼 독일로부터 전해지는 주목과 기대에 부응하기 위해서라도 총선에서의 승리를 지향하며, 보다 크고 강한 당 만들기를 반드시 이루어내야 하겠습니다.

3장
'제3의 약진'을 본격적 흐름으로

—《신문 아카하타》 2013년 8월 13일자

1. 선거결과 — '자공대결(自共對決)'의 정당구도가 드디어 선명해지다

1) 모두의 힘이 한데 모여 쟁취해낸 선거결과

지난 7월 21일(2013년)의 참의원 선거에서 일본공산당은 약진을 기록하고, 세 석에 불과하던 의석을 여덟 석으로 늘리며 비개선 의석을 포함한 참의원 11석을 확보함으로써 의안 제출권을 얻어냈습니다. 또한 우리 당이 추천한 오키나와 선거구의 이토카즈 케이코糸数慶子 씨가 자민당 후보를 누르고 당선되기도 했습니다. 이러한 결과에는 몇 가지 중요한 특징이 있습니다.

첫 번째는 선거전의 축이던 비례대표 선거에서 일본공산당이 515만 표(9.7%)를 획득함으로써 '5의석 절대 확보'라는 목표를 실현했다는 것입니다. 515만 표라는 득표수는 각각 이전의 참의원 선거에서 득표한 356만 표를 159만 표, 지난해 중의원 선거에서 득표한 369만 표를 146만 표나 상회하는 결과입니다. '비례 5의석'이라는 목표를 향해

'전국이 하나'되어 분투한 결과, 한 명의 후보도 빠짐없이 당선시켰다는 것은 실로 큰 기쁨이라 하지 않을 수 없습니다. 결국 우리 당이 전국 47개 도도부현에서 모두 승리를 거둔 것입니다.

두 번째는 이러한 승리와 더불어 도쿄, 오사카, 교토의 세 선거구 — 수도와 상도商都 그리고 고도古都라는 일본의 세 개 '도都'에서 의석을 획득했다는 것입니다. 선거구에서의 의석 획득은 12년 만이며, 복수의 의석 획득은 15년 만의 일입니다. 이러한 성과가 주는 최대의 교훈은 일본공산당이 비례대표 선거에서 약진의 물결을 일으키기 위해 분발한 결과, 선거구 선거에서 승리의 길이 열렸다는 점입니다. 그러한 토대 위에서 각 후보자들의 매력이 더해지면서 대격전을 통해 승리를 쟁취할 수 있었던 것입니다.

세 번째는 6월 23일의 도쿄도 선거에서 일본공산당이 8석이던 의석을 17석으로까지 늘리며 민주당을 누르고 제3당의 위치에 올라서는 약진을 거둔 것이 전국의 정세를 격변시키고 중의원 선거에서의 약진과도 연동되었다는 것입니다. "도의회 선거에서의 약진이 없었다면, 참의원 선거에서의 약진 또한 불가능했다." 이는 함께 싸워주신 전국의 여러분이 갖고 계신 공통된 의견이 아닐까 합니다. 또한 도의원 선거에서의 약진은 도쿄 도내 당 지부와 후원회 여러분께서 만들어낸 소중한 성과임은 물론, 전국 당 지부와 후원회 여러분께서 도쿄 도의회 선거를 '자신의 일'처럼 여기며 함께 싸워주신 결과이기도 했습니다. 이 부분에 있어서, 특히 일본공산당만의 뜨거운 전국적 연대의 정신이 발휘되었다는 점을 저는 강조하고 싶습니다.

또한 승리에 대한 공헌이라는 점에서, 당선에까지는 이르지 못했을

지라도 마지막 순간까지 분투해주신 전국 43개 도도부현 선거구 후보자 여러분과 문자 그대로 '숨은 공로자'로서 '비례 5의석'의 승리를 함께 이끌어내 주신 12명의 제2차 비례대표 후보자 여러분께도 진심 어린 경의와 감사의 뜻을 표합니다.

2) '자공대결' 구도를 선명히 이끌어낸 일본공산당의 정치자세, 국민들에게 평가받다

참의원 선거에서 이루어진 정치적 논쟁에서 우리는 '자민당과의 대결, 발본적 대안 제시'를 내걸고, 일본 정치의 '네 가지 전환' — 국민소득 증대를 통한 경기회복, 원전 제로의 일본, 헌법 수호, 이러한 정신에 입각한 '대미종속' 구조 바로잡기 — 을 마지막까지 호소했습니다.

요즈음 국민들 사이에 아베 내각의 정치, 즉 소비세 증세, 원전 재가동, 헌법 개정 등과 관련하여 "참으로 위험하다"는 불안감, 위기감이 확산되고 있습니다. 그리고 바로 이러한 시기에 '자공대결'— 아베 정권의 폭주와 정면 대결하는 정치자세를 선명히 내세움으로써 일본 공산당이 높게 평가받고 있습니다.

실제로 언론이 실시한 '출구조사'에서도 아베노믹스에 대해 "바람직하다고 평가하지 않는다"고 답한 유식자들이 비례투표에서 가장 많은 지지표를 던진 정당이 바로 일본공산당이라는 결과가 나왔습니다. '원전 등 에너지 정책'과 '헌법 개정' 관련 사안을 중시한다고 답한 유식자들의 비례투표 제1당도 일본공산당이었습니다. 이러한 현상이야말로 우리 일본공산당이 아베노믹스, 원전, 헌법 등의 문제와 관련하여 아베 정권의 폭주에 비판적 입장을 취하고 계신 분들이 의지할 수 있는 유일한 정당으로 자리매김하고 있음을 보여준다고 생각합니다.

아울러, 우리는 어떤 문제와 관련해서든 발본적 대안을 제시한다는 입장으로 일관해왔습니다. 이를테면 아베노믹스에 반대하면서 "대기업 내부 보유금을 일부 활용하여 임금을 인상하고 고용을 늘림으로써 경기회복을 이뤄낸다"는 대안을 제시한 것이 단적인 예입니다. 또한 소비세 증세에 반대하는 가운데 "부유층과 대기업에 응분의 부담을 요구하는 세제개혁 등으로 소비세에 의지하지 않는 또 다른 길이 있다"고도 호소해왔습니다.

일본공산당이 아베 정권의 폭주에 정면으로 맞설 수 있는 것은 이렇듯 어떤 문제와 관련해서든 국민의 입장에서 확실한 대안을 제시하고 있기 때문입니다. 그렇기 때문에 수많은 국민들이 정체된 일본 정치에 새로운 길을 제시하기 위해 '대결'하는 한편, '대안'을 제시하는 일본공산당의 정치적 자세를 높이 평가하고 있는 것이 아니겠습니까.

얼마 전 TV도쿄(계열)의 '주간 뉴스 신서'라는 방송프로에 출연할 기회가 있었습니다. '마고まーご'라는 마스코트 고양이가 나오는 프로인데, 진행을 맡은 타세 야스히로田勢康弘 씨가 제게 다음과 같은 질문을 던졌습니다.

"공산당의 약진은 다른 야당들이 줄곧 '우리는 뭐든 덮어놓고 반대만 하는 정당이 아니라'는 주장만 펼치는 까닭에 진정한 의미에서 자민당에 반대 목소리를 내는 정당은 공산당밖에 없다고 생각하는 사람들이 늘어나면서 나타난 결과라고 보는데 어떻게 생각하십니까?"

저는 "말씀하신 대로"라고 답했습니다. 일본공산당 외의 야당은 결국 아베 정권과 정면 '대결'을 할 수도 없을 뿐더러, '대안'도 제시할 수 없는 자민당의 아류정당이 되어버린 상황입니다. 그렇다면 '자공대결'을 선명히 내세우는 일본공산당의 입장은 당연히 빛을 발할 수밖에 없는 것 아니겠습니까.

일본공산당은 선거전에서 호소한 '자민당과의 대결, 발본적 대안 제시'라는 정치자세를 흔들림 없이 관철하고, 공약실현을 위해 국회에서 확보해낸 새로운 지반을 활용해서 다양한 국민운동과의 연대를 강화하여 전력을 다해 싸울 것입니다.

3) '반(反)자민' 표를 끌어 모으는 강력한 야당으로 부상

선거전에서 '자공대결'을 호소하며 싸운 우리 입장에서 볼 때, 이번 선거의 결과로 형성된 정당구도는 무척 특별한 의미를 지닙니다. 그 결과가 '자공대결'의 정당구도를 선명히 드러내주고 있기 때문입니다.

이 정당구도가 갖는 최대의 특징은 바로 자민당과 공산당 사이에서 '반자민' 표를 끌어 모으던 정당이 감소했다는 점입니다.

사실 지금까지 반자민 표로 가장 많은 반사이익을 누린 정당은 민주당이었습니다. 하지만 이 당은 3년 4개월간 집권하면서 '정치의 변화'를 열망하던 국민 여러분의 기대를 완전히 저버리고 자민당을 쏙 빼닮은 정당이 되어, 끝내 선거에서 득표수를 전성기의 4분의 1 정도로까지 떨어뜨리는 참패를 기록한 후 '반자민 대표정당'의 지위를 상실했습니다. 선거 중에 있었던 당수 토론에서 민주당의 가이에다 반리海江田万里 대표는 플립보드에 "아베 정권의 폭주에 제동"이라는 말을 적었습니다. 그것을 본 저는 '(아직도) 저런 소리가 잘도 나오는구나' 싶어 놀라움을 금치 못했습니다. 소비세 증세 법안 처리를 자민당·공명당과 함께 강행하는 '폭주'를 저지른 민주당이 과연 그런 말을 할 자격이 있을까요? 그러한 자신들의 행보에 대해 아무런 반성도 하지 않은 채, 어떤 소리를 한다고 해도 이제 와서 국민의 믿음을 얻기란 힘든 일 아니겠습니까.

지난해(2012년) 치러진 총선거를 보더라도, 일시적으로 '반자민' 표를 끌어 모으는 또 하나의 축을 담당하며 '제삼극第三極'이라 불린 세력들 — 일본유신회와 민나노당 — 은 결국 약육강식의 '구조개혁' 추진, TPP 추진, 헌법 개정 추진 등 오히려 자민당 이상으로 심각한 '우익'적 입장에 서있다는 것이 드러남에 따라 득표율이 급격히 하향곡선을 그리면서 '반자민 정당'의 지위를 잃어버리고 말았습니다.

이러한 상황 속에서 현재 일본공산당은 자민당에 대한 비판여론과 국민들의 바람을 수렴하는 유일한 정당으로 자리매김해 있습니다.

전후 일본의 정치사를 보더라도 이런 정당구도는 일찍이 존재하지 않았습니다. 1960년대 말부터 1970년대에 걸쳐 일본공산당이 국정선거에서 약진했던 시대에는 자민당과 공산당 사이에 사회당, 공명당, 민사당 등 이른바 '중간정당'이 존재했습니다. 하지만 지배세력은 1980년 '사공합의'로 사회당을 우경화시켜 이 '중간정당'들의 정치적 입장을 '반공'으로 정리하고 일본공산당을 봉쇄하는 체제를 출범시켰습니다.

일본공산당이 약진을 거둔 1990년대 후반에도 자민당과 공산당 사이에 민주당과 자유당이라는 '중간정당'이 존재했습니다. 하지만 이번에도 역시 지배세력은 민주당과 자유당을 합병시켜 새로운 민주당을 창당, "자민이냐 민주냐"라는 '양당체제에 의한 정권 선택'으로 일본공산당을 봉쇄하는 최강의 반공체제를 구축하게 됩니다.

그런데 이번 선거의 결과로 그러한 '중간정당'의 입지가 현격히 좁아져 있다는 것이 드러났습니다. 흡사 햇살에 서리가 걷히면서 시야가 밝아지듯이 말입니다. '자공대결'이라는 정당구도가 명확해진 것입니다.

우리는 이런 새로운 정당구도 속에서 자민당 정치와 대결하며 변혁을 이끌어내는 당으로서의 자세를 보다 선명히 하여 새로운 약진을 위해 더욱 박차를 가할 것입니다.

4) 현실적 역량에 있어서도 '자공대결'에 한 걸음 다가서다

또 한 가지, 이번 선거전의 결과로 현실적 역량에 있어서도 '자공대결'에 한 걸음 다가갈 수 있었다는 사실도 무척 중요합니다.

비례대표 선거의 득표를 통해 확인할 수 있듯이 이제 도쿄 도와 교토 부에서 일본공산당은 자민당에 이은 제2당입니다.

제2당이라는 것은 소선거구 선거에서도 의석을 놓고 경쟁을 벌일 정도라는 것을 의미합니다. 따라서 다음 총선거에서는 일단 비례대표 선거를 중심으로 소선거구에서도 숨통을 틔우는 싸움에 의욕적으로 도전할 것입니다.

일본공산당은 지난 2010년에 개최된 제25회 당대회에서 강령 실현 — 민주연합정부의 수립을 위해, 중기적中期的 전망에서의 '성장발전 목표'로 어떤 도도부현, 어떤 지자체·행정구에서든 국정선거에서

‘10% 이상의 득표율’을 획득한다는 목표를 정했습니다.

이 목표에 비추어 이번 선거 결과를 살펴볼 때, 비례대표에서 전국 평균 9.7%를 득표했고, 특히 교토, 코치, 나가노, 도쿄, 오사카, 사이타마, 홋카이도, 시가, 와카야마, 가나가와 등 10대 도도부현(득표순)에서 득표율이 10%를 넘었다는 사실은 대단히 큰 의미가 있다고 하겠습니다. 시구정촌 단위로 보면 무려 550개 시구정촌 — 전 지자체의 29%에서 득표율로 10%를 넘긴 것이기 때문입니다.

이러한 흐름이 전국적으로 확산되어 전국 어느 지자체 · 행정구에서도 ‘10% 이상의 득표율’이 실현된다면, 전국 평균 20%에 육박하는 득표율, 1,000만 표를 넘는 표를 획득할 수 있게 됩니다. 따라서 ‘자공대결’ 역시 정치적 · 정책적 대결을 넘어 현실적 역량에 기반을 둔 대결로 발전할 것입니다. 그리고 이러한 단계까지 전진할 수 있다면, 다음 단계 — 민주연합정권의 수립이라는 궁극의 목표를 향한 전망 또한 열리게 될 것입니다.

이를 위한 첫걸음으로서 명확한 진전을 기록했다는 점을 보더라도, 이번 선거 결과가 미래의 희망을 보여준다고 저는 강조하고 싶습니다.

2. 역사적 의의 — '제3의 약진'으로 십수 년 불굴의 싸움이 결실을 맺다

1) 15년 만의 승리 — '제3의 약진'을 통해 바라보는 역사적 의의

다음으로 저는 이번 참의원 선거의 의의를 좀 더 긴 역사적 관점에서 생각해보고 싶습니다.

일본공산당이 국정선거에서 전진한 것은 1998년 참의원 선거 이래 15년 만의 일입니다. 그렇다 보니 전국에서 들려오는 동료들의 목소리 또한 기쁨이 넘치고 있습니다.

젊은 당원 여러분들에게는 이번 결과가 말 그대로 '첫 승리'일 것입니다. 15년 만이라고 하면 지금 30세인 기라 요시코吉良よし子(일본공산당 소속 참의원) 씨가 15살 때의 일이니까요. 한 20대 당원은 제게 다음과 같은 말을 전했습니다.

> 일본공산당에 들어와 처음 승리를 경험했습니다. 정말 너무 기쁘고 눈물이 나서 동료들을 부둥켜안고 소리를 지르며 껑충껑충 뛰었습니다. 그때의 감정을 어떻게 표현하면 좋을지 모르겠네요. 그렇게 앞으로도 분발할 수 있는 용기가 끓어올랐습니다.

베테랑 당원 여러분들로부터는 긴 고생이 결실을 맺었다는 감동에 찬 이야기들이 전해지고 있습니다. 한 84세 당원은 다음과 같이 감회를 토로했습니다.

괴로움을 견디며 절개를 지켜온 15년의 노력이 결실을 맺었습니다. 1948년 공산청년동맹에 가입하고 그 이듬해 입당한 이래, 지금껏 당과 함께해왔습니다. 숱한 고생도 겪었지만 이번 참의원 선거에서의 약진이라는 마지막 선물 때문에 기쁘기 그지없습니다. 여생도 당원으로서 끝까지 분발하겠습니다.

이 분께서는 부디 건강히 오래오래 사시면서 이번 한 번이 아니라 보다 많은 선물을 받으실 수 있게 되길 바랍니다. 아울러, 이 분과 같은 마음인 당원들이나 지지자들도 많이 계실 거라고 생각합니다.

일본공산당은 1961년 강령노선을 확립한 이래, 1960년대 말부터 1970년대까지 '제1의 약진', 1990년대 후반 '제2의 약진'을 경험했습니다. 그리고 이번 참의원 선거 결과는 이 뒤를 잇는 '제3의 약진'의 시작이라 부를 만한 역사적 의의를 지니고 있습니다.

하지만 이 약진은 저절로 이루어진 것이 아닙니다. 어디선가 '바람'이 불어와 이루어진 것도 아닙니다. 최근 십수 년 간 이어진 당원 동지 그리고 후원회 여러분의 불굴의 활동이 축적되어 결실을 맺은 것이기 때문입니다.

특히 2003년부터 본격적으로 시작된 "자민이냐 민주냐"라는 "양당 체제에 의한 정권 선택" 캠페인은 일본공산당을 유권자의 선택으로부터 제외시키는 '최강・최악'의 반공작전이었으며, 이 반공작전의 역풍으로 우리 당은 한동안 국정선거에서 거듭해서 억울한 후퇴와 정체를 경험할 수밖에 없었습니다.

그러나 우리는 선거를 치를 때마다 안팎의 비판과 의견에 귀를 기울이고, 자기분석을 심화시키는 한편, 교훈을 이끌어내며 뒤이은 싸움에 도전해왔습니다. 그렇게 십수 년에 걸친 반공작전에 맞서는 가운데, 패배를 통해 배우고 당을 단련시키며 모두의 힘을 모아 거머쥔 승리라는 점에서 이번 결과는 더더욱 큰 의미를 갖는다 하지 않을 수 없습니다.

돌아보면, 우리는 지난 십수 년의 역사를 통해 앞으로도 되살려가야 할 많은 교훈을 얻었습니다. 여기서는 그 교훈들 중에서 특히 다음 세 가지에 대해 언급해 보고자 합니다.

2) 강령을 토대로 정치적 · 이론적 성장 · 발전을 이루다

첫 번째 교훈은 일본공산당이 이 시기에 정치적 · 윤리적으로 큰 성장과 발전을 이루었다는 것입니다.

그 최대의 성과는 2004년 제23회 당대회를 통해 새로운 강령이 결정된 것입니다. 최근 십수 년 간 우리가 반공작전의 역풍으로 고통받는 정세 속에서도 표면의 이런 저런 움직임에 좌우되지 않고, 언제나 근저로부터 정세를 파악해서 내일을 위한 희망과 전망을 가지고 분발해 올 수 있었던 것에는, 바로 새로운 강령의 힘이 있었다는 점을 저는 강조하고 싶습니다.

또한 강령에서, 당면한 일본의 민주적 개혁의 내용을 21항목에 걸쳐 구체적으로 밝혀 놓은 부분은 우리 당의 정책 활동을 발전시키는 과학적 지침이 되어주었습니다. 이를테면 강령을 보면 "현행 헌법 전문을 포함한 모든 조항을 지키고, 특히 평화적 · 민주적 조항의 완전

실시를 지향한다"고 명기되어 있는데, 이는 헌법을 수호하고 그 생명력을 이어가는 투쟁의 확고한 토대가 되어주었습니다. 또한 "국민의 생활과 권리를 지키는 '룰 있는 경제사회'를 만든다"고 명기된 강령의 부분은 약육강식의 규제완화 만능론에 근본적 대안을 제시하고 있습니다.

한 발 더 나가서, 강령은 제국주의 진영과 반제국주의 진영의 대결이 세계정세를 결정했다는 이른바 '양대진영론兩大陣營論'을 청산하고, 20세기에 일어난 인류사의 변화를 분석함으로써 21세기의 세계를 파악하는 새로운 세계론을 제창했습니다. 이와 관련해 일본공산당이 줄곧 힘을 기울여 온 야당 외교가 크나큰 역할을 해주었음은 두말할 필요도 없습니다.

물론 강령을 토대로 한 정치활동에 시행착오가 전혀 없었던 것은 아닙니다. 이 부분과 관련해 돌이켜 볼 때, 대단히 큰 의미가 있는 것이 바로 2010년 7월에 치러진 참의원 선거 — 비례대표 선거에서 356만 표, 3의석까지 후퇴한 선거로부터 교훈을 이끌어 낸, 같은 해 9월의 제2회 중앙위원회 총회입니다. 이 총회에서 우리 당은 선거 전 과정의 정치논전에서 드러난 약점에 메스를 들이대고 "어떤 문제와 관련해서든 비판과 동시에 국민들의 탐구에 부응해 타개의 전망을 제시하고, 변혁자의 당 특유의 건설적 메시지를 전할 수 있을 때만이 국민들의 마음에 울림을 줄 수 있다"는 교훈을 도출해 낼 수 있었습니다.

제2회 중앙위원회 총회에서의 이와 같은 교훈은 이후 당의 정책활동이 발전하는 데 큰 힘으로 작용했습니다.

소비세에 의지하지 않는 또 다른 길을 제시한 '경제제언', 미 · 일 안보조약 폐기 이후 펼쳐지게 될 전망을 제시한 '외교비전', 원전의 즉각적인 철폐와 재생가능 에너지를 향한 전환의 길을 제시한 '즉시 원전 제로 제언', 국민 소득 증대와 경기회복의 길을 제시한 '임금 인상·고용 제언' 등의 강령을 토대로 '변혁자의 당 특유의 건설적 메시지'를 전해온 우리 당의 정책 제언들이 이번 참의원 선거에서 막강한 위력을 발휘한 것이 그 극명한 예라고 하겠습니다.

우리는 이러한 교훈을 되살리고 강령을 지침삼아, 국민의 요구에 기초한 정책 활동을 다양한 분야에서 "국민의 마음에 울림을 주는" 방향으로 발전시켜 갈 수 있도록 앞으로도 부단히 지혜와 노력을 경주할 것입니다.

3) '일점공투'가 다양한 분야에서 획기적으로 발전, 일본공산당에 대한 신뢰와 지지를 넓히다

두 번째 교훈은 최근 몇 년 사이, 정치적 입장차를 넘어선 — '일점공투'가 헌법문제, 원전문제, TPP문제, 기지문제 등 여러 분야에서 획기적으로 확대되는 가운데 일본공산당에 대한 신뢰와 지지가 널리 퍼져 나가고 있다는 것입니다.

특히 이번 참의원 선거에서는 전국적으로 지금껏 보수의 입장에서 있던 분들이 '일점공투'를 통해 일본공산당에 깊은 신뢰와 함께 공공연한 지지와 격려를 보내주셨습니다.

TPP 반대 투쟁을 통해 JA 여러분들과의 연대도 착실히 진전되고 있습니다. 군마 현 'JA 닛타미도리にったみどり'의 하시바 마사야스橋場正和

대표이사 조합장은 일본공산당의 가두 연설에서 다음과 같은 내용의 응원 연설을 해주셨습니다.

우리는 일본공산당 지지를 결정했습니다. TPP를 포함한 여러 가지 문제, 정책 등과 관련해 늘 오락가락하면서 선거 때 표나 끌어 모으기 위한 정책을 남발하는 민주당에게는 이제 정말 진력이 났습니다. 우리는 지금 이 순간, 우리의 생활을 지켜주는 일본공산당에게 앞으로의 정치를 맡겨야겠다고 확신하고 있습니다. …… 무려 40년 동안이나 자민당 임원이었고, 지금까지 현 의회 간사장의 후원회장도 맡아왔습니다. 그런데도 얼마 전 자민당을 탈당했습니다. …… 이런 저는 어쩌면 자민당의 이단아일지도 모릅니다. 하지만 그렇게 불려도 상관없습니다. 자신의 생활을 스스로 지키기 위해 목숨이 붙어 있는 한, 앞으로 일본공산당을 조직 차원에서 지지하고 싶습니다.

감동적인 호소입니다.

헌법 문제와 관련해서는 전 자민당 간부까지 포함된 보수 쪽 분들과의 연대도 확산되고 있습니다.

특히 고가 마코토古賀誠 전 자민당 간사장이 《신문 아카하타》 일요판 인터뷰에 응하여 '헌법 제9조 개정 강력반대'를 표명한 일은 큰 사회적 반향을 불렀습니다. 인터뷰 마지막 부분에서

전후의 기나긴 기간, 국정의 장에서 자민당과 일본공산당은 입장과 정책은 달랐을지라도 각자 자부심과 긍지를 갖고 활동해 왔다고 저는 생각합니다. …… 제가 볼 때 자민당과 공산당이야말로 진정한 '양대 정당'이라고 생각합

니다.(2013년 6월 2일자)

라고 했던 고가 씨의 발언에는 우리를 향한 따뜻한 격려의 의미가 담겨 있음을, 저는 일찍이 간사장·서기국장 회담 등에서 그와 격렬한 논쟁을 벌인 일을 그리운 추억으로 떠올리며 실감할 수 있었습니다.

고가 씨의 뒤를 이어 치바현 의회 의원으로 오랫동안 일하며 자민당 치바현 연합회 간사장 등을 역임한 가네코 가즈오金子和夫 씨가 《신문 아카하타》 일요판 인터뷰에서 다음과 같은 기대를 피력한 것도 대단히 기쁜 일이었습니다.

> 저는 자민당 공천으로 30년간 치바에서 현 의원을 지냈습니다. 그러나 이번 참의원 비례대표에서는 일본공산당이 약진해 주기를 바라고 있습니다. 자민당 소속인 제가 왜 이런 생각을 할까 하고 의아해 하시는 분들도 계시겠지요. 바로 헌법 제9조를 개정해서는 안 된다는 신념 때문입니다 …… 저처럼 전쟁을 체험해 본 사람의 입장에서 보면, 지금의 자민당은 너무나 위험합니다. 총선거 승리 후, 제멋대로 '폭주'하는 그들에게 '브레이크'를 걸어줄 이들이 필요하다는 것입니다. 헌법 제9조의 수호라는 한 가지 목표를 위해 일본공산당이 '브레이크'가 되어주기를 바랍니다. 기대하고 있습니다.(2013년 7월 21일자)

매주 금요일 총리관저 앞에서 진행되는 항의행동 등 원전 제로 운동을 함께 해 온 사람들 사이에서도 "이 당 후보라면 신뢰할 수 있다", "어떻게든 이 사람들을 당선시켜야 한다", "원전 제로를 염원하는 시민은 모두 일본공산당으로" 등의 호소가 등장하고 있는 상황입니다. 그 과정에서 우리에게 다음과 같은 목소리가 전해지기도 했습니다.

> 공산당은 독선적이고 완고하다고들 하는데 사실은 그렇지 않다. 적어도 우리가 3·11 이후 알고 지내온 공산당 사람들은 서로 소통하며 함께할 수 있는 이들이기 때문이다. 자기를 지나치게 내세우지 않고 보이지 않는 곳에서 온 힘을 기울여 준 일도 부지기수였다. 그들에 대한 억측을 버려야 한다.

다양한 '일점공투'에 참가할 때마다 우리는 늘 그 일치점을 중요시하고, 운동의 발전을 위해 성실히 노력하며 필요할 경우에는 '숨은 조력자'로서 최선을 다하는 자세로 일관해 왔습니다. 이러한 활약이 일본공산당에 대한 신뢰를 넓혀 왔다는 사실은 실로 기쁜 일이라 하지 않을 수 없습니다.

일본공산당은 단독정부가 아닌 민주연합정부라는 연합정권을 지향하고 있습니다. 그럼 연합의 상대는 어디에 있을까요? 혁신간革新懇 형태의 연대 — 일본공산당과 무당파 분들과의 공동이 드디어 본격적인 흐름을 타고 있는 것임에 틀림없습니다. 이제 '일점공투'를 벌이며 함께 싸우고 있는, 또한 지금껏 보수의 입장에 서 있었던 사람들과 여러 가지 자발적인 운동에 매진하고 있는 사람들 사이에서도 연합의 상대가 나타날 것이라는 전망을 가져도 좋지 않을까요.

이런 움직임과 더불어 우리는 정당 전선에 있어서도 일정 정도의 시간이 걸릴망정, 반드시 일본공산당과 연합할 상대가 나타날 것이라 확신합니다. 이런 전망을 가지고 다양한 국민행동의 발전을 위해 더욱 힘을 다해야 하겠습니다.

4) 크고 강한 정당 만들기 — 청년세대의 활약과 인터넷 선거에서의 건투에 관하여

세 번째 교훈은 풀뿌리로 국민들과 연대하는 크고 강한 당을 만들기 위해 노력을 기울여야겠다는 것입니다.

솔직히 말해, 크고 강한 당을 만들기 위한 노력은 우리의 활동 가운데서 가장 뒤처져 있는 분야였습니다. 그랬던 것이 최근 수년간 힘을 기울이고 있는 당원 확대를 근간으로 한 당세 확장 운동, '강령·고전 연속 교실', 직장 지부와 청년·학생 분야 활동 강화를 위한 노력 등에 힘입어 이번 선거전에서 다양한 형태로 빛을 발하여 새로운 분야를 개척하는 동력으로 자리 잡게 된 것은 주목할 만한 일이라 하겠습니다.

저는 이와 관련해서, 특히 선거전을 통해 빛을 발한 두 가지 분야에 관해 이야기해 보고자 합니다.

한 가지는 지금껏 이렇게까지 젊은 세대들이 빛을 발하는 선거가 없었다는 사실입니다.

일본공산당은 이번 참의원 선거에서 비례대표와 선거구 등을 합쳐 모두 36명의 후보자를 냈는데, 그 가운데 30대 후보자가 16명으로 전체의 25%였습니다. 도의원 선거에서도 전체 후보자 42명 중 20대,

30대 후보자가 12명으로 28%를 차지했습니다. 참의원 선거에서는 아슬아슬하게 피선거권 제한연령(만 30세 이상)을 넘긴 30세 기라 요시코 씨가 당선되었고, 도의회 선거에서도 역시 아슬아슬하게 피선거권 제한연령(25세)을 넘긴 요네쿠라 하루나米倉春奈 씨가 당선을 거머쥐었습니다.

물론 베테랑 후보자 여러분까지 포함하여 우리 당 후보자들은 세대를 초월하여 하나같이 매력과 실력을 겸비한 분들뿐이지만, 그 가운데서도 젊은 후보자 여러분이 스스로 여러 가지 체험과 사고를 거듭하며 마지막 순간까지 우리 당의 참모습을 알린 일은, 많은 유권자들로 하여금 우리 일본공산당에 양양한 미래가 있다는 것을 실감나게 해주었으리라 생각합니다.

청년들에 대한 호소 가운데, 특히 강한 공감을 불러일으킨 것은 원전문제, 헌법문제와 더불어 고용문제였습니다. 젊은이들을 소모품처럼 쓰고 버리는 '블랙기업'을 없애야 한다는 호소는 선거의 일대 쟁점으로 부각되어 우리 당에 대한 젊은이들의 기대와 관심을 크게 확산시켰습니다. 도쿄 등 각지에서 작성된 '블랙기업' 추궁 선난지와 중앙에서 작성한 전단지인 "블랙기업을 처벌하라" 등도 큰 반향을 불러일으켜 수많은 젊은이들이 보았습니다.

저는 이 선거에서 눈부신 활동을 보여준 젊은 세대가 각자 자신들의 개성을 유감없이 발휘하며 성장해 가기를 진심으로 기원합니다. 또한, 우리 일본공산당도 전당적 차원에서 젊은이들의 고민과 괴로움에 귀 기울이고 해결을 위해 함께 투쟁할 것이라는 점을 말씀드립니다.

이번 선거에서 빛을 발한, 다른 한 가지는 해금된 인터넷 선거에서 일본공산당이 보여준 건투입니다.

《마이니치신문》과 리츠메이칸立命館대학이 선거 이후 진행한, 공동 연구에서 선거기간 중 각 정당 후보자들이 투고한 트윗 건수를 정당별로 집계해 본 결과, 공산당은 총 1만 100건으로, 2위를 차지한 일본유신회의 6,600건을 큰 차로 누르며 정상을 차지했다고 합니다. 또한 리트윗 건수에서도 공산당이 23만 2,200건으로, 2위를 차지한 자민당의 7만 1,100건을 크게 앞질렀습니다. 트위터에서는 '발신력'도 '확산력'도 일본공산당이 확고부동한 제1당이었던 것입니다.

이렇듯 인터넷 선거에서 보여준 일본공산당의 건투에는 다음 두 가지 요인이 작용했다고 생각합니다.

한 가지는 우리 당이 가지고 있는 풀뿌리의 힘이 여기서도 발휘되었다는 것입니다. 인터넷 선거의 해금을 맞아, 당원과 지지자들 사이에서 연령을 초월한 대응이 이루어져서 당과 후보자들이 발신한 트윗을 적극적으로 리트윗하여 많은 유권자들에게 확산시키는 일이 일어났습니다. 고생 속에 만들어온 풀뿌리의 힘이, 그 위력을 발휘한 것입니다.

다른 한 가지는 일본공산당이 인터넷에서 교감을 나누기에 충분한, 내용 있는 정책을 가지고 있다는 것입니다. 자민당도 인터넷 대책에 엄청난 역량을 투입했다고 합니다만, 내용 있는 정책이 없다면 아무리 트위터에서 '발신'을 하더라도 그것이 공감이나 관심을 불러일으키지 못하여 리트윗으로 '확산'될 수 없습니다.

이번 선거에서 일본공산당은 '확산부カクサン部!'라는 특설 사이트를 인터넷상에 띄워 '올바른 정책, 즐거운 정치'를 발신했습니다. '블랙기업'의 근절을 호소하는 '코요우 노 요코雇用のヨーコ', 경제문제를 종횡으로 이야기하는 '가마굿짱がまぐつちゃん', 오키나와 문제에 대해 역설하는 '시이사아しいさあ'— 저와 혈연관계는 없습니다만, 등 여덟 명의 캐릭터가 인터넷상에서 당의 정책과 정보를 발신하며 주목을 끈 것입니다. 그 와중에 '코요우 노 요코'로 분장한 사람이 전국 각지에 출현하기도 했습니다. 저도 이케부쿠로池袋에서 실제로 조우하고 깜짝 놀랐습니다. 심지어 미국 신문《월스트리트저널》1면에서도 관련 기사와 함께 '코요우 노 요코'가 등장했습니다.《월스트리트저널》은 관련 기사에서 "일본공산당만큼 철저하게 인터넷 전략을 구사하는 정당은 어디에도 없다"고 보도했습니다. '확산부'가 이렇듯 단숨에 미국에까지 '확산'된 것은 실로 기쁜 일이라 하지 않을 수 없습니다.

이번 선거에서의 대응이 그 첫걸음이기도 했지만, 인터넷이 우리 일본공산당에게 커다란 가능성을 주는 매체임이 밝혀졌다는 사실은 대단히 중요합니다. 우리는 이 부분과 관련해서도 일본공산당이 가진 풀뿌리의 힘과 정책의 힘이 나타나고 있다는 확신을 가지고, 새로운 분야에서의 활동을 보다 적극적으로 개척·발전시켜가야 할 것입니다.

3. '제3의 약진'을 본격적 흐름으로 만들어가려면

지금까지 이번 참의원 선거 결과를 어떻게 볼 것인가, 그 역사적 의미와 세 가지 교훈에 대해 살펴보았습니다. 한편, 시작된 '제3의 약진'을 어떻게 일과성 현상으로 끝나게 하지 않고 본격적 흐름으로 발전시켜갈 것인가? 이는 그야말로 새로운 탐구와 도전이 요구되는 일대 사업이라 하겠습니다.

지금까지의 역사를 돌아보면, 일본공산당이 약진을 쟁취할 때마다 반동세력이 우리를 봉쇄하는 반공작전을 시도했던 까닭에 언제나 약진 이후에는 부득이 후퇴와 정체를 경험할 수밖에 없었습니다. 이번 약진 이후에도 반동세력은 반드시 새로운 반공작전을 전개해 올 것입니다. 따라서 우리는 앞으로도 나름의 각오를 다지는 한편, 어떤 공격이 가해지더라도 이를 돌파해서 전도를 열어가겠다는 결의를 가지고 모든 상황에 임해야 할 것입니다.

아울러 우리는 이 성과에 안주하지 않고, 이를 유지·발전시켜 '제3의 약진'을 본격적 흐름으로 만들어 내기 위해 다음과 같은 세 가지의 노력 방향을 견지하며 분투할 것입니다.

발본적 대안을 내걸어 아베 정권의 폭주와 정면 대결

제1의 노력방향은 발본적 대안을 내걸어 아베 정권의 폭주와 정면으로 대결하는 야당으로서의 역할을 확실히 수행하는 것입니다.

❙ 온갖 분야에 늘어서 있는 '폭주 리스트'

선거 결과, 자민·공명 양당을 통해 참의원 과반수를 확보한 아베 정권은 그 즉시 온갖 분야에서 폭주의 자세를 공공연히 드러내고 있습니다. 실제로 올해(2013년) 가을부터 내년 통상국회까지를 전망해 보면 다음과 같은 '폭주 리스트'가 늘어서 있습니다.

소비세 증세의 경우, 아베 정권은 내년 4월부터의 소비세 증세에 대해 올해 4~6월기 경제지표가 모두 나오는, 임시국회 전인 9월에라도 판단할 수 있다는 주장을 펴고 있습니다. 총액 13.5조 엔이라는 공전의 증세에 맞서 싸우는 일은 결코 미룰 수 없는 우리의 과제입니다.

고용 문제와 관련해서는 해고를 자유화하는 '한정 정사원' 도입, 잔업수당을 없애는 '재량노동' 확대, 노동자 파견법 개악 등과 관련한 논의를 가을 심의회에서 시작하여 내년 통상국회 때 법안을 제출하려 하고 있습니다.

사회보장 문제와 관련해서는 생활보호 축소를 강행하여 관련법 개악을 도모함과 동시에, 정부 측의 사회보장제도 개혁 국민회의가 8월에 정리한 최종보고서에 따라 의료비 창구부담 증가, 연금지급액 삭감, 지급개시 연령 인하, 개호 요지원자 축소, 이용료 인상 등 온갖 종류의 삭감안을 무차별적으로 강행하려 하고 있습니다.

원전 문제와 관련해서는 후쿠시마 제1원전에서 방사능오염수가 바다로 계속 유출되는 심각한 위기상황이 일어나고 있음에도 원전 재가동을 향한 폭주를 시작했습니다. 이는 결코 용납할 수 없는 일입니다.

TPP 문제와 관련해서는 교섭 회합에 일본 정부가 공식적으로 참가하여 수비의무守秘義務가 부과된 계약서에 서명하고, 주요 농산물 관세 폐기 제외에 대해 어떤 요구도 하지 않는 가운데, 비밀리에 매국적 교섭을 진행하고 있는 위기 상황입니다.

헌법 문제와 관련해서는 우선 집단적 자위권 행사가 가능하도록 정부 해석을 변용하는 일로부터 헌법 개악의 수순을 밟으려는 움직임이 선거 이후에 급부상하고 있습니다.

미군기지 문제와 관련해서는 오키나와에서 미군기 추락사고(2013년 8월 5일, 캠프 한센 부근에 미군 헬기 추락)가 일어나는 등 미군기지와의 공존이 불가능하다는 사실이 만천하에 드러나고 있음에도, 정부는 주민들의 총의를 짓밟으며 오스프리 배치와 헤노코 신기지 건설을 밀어 붙이려는 자세를 고수하고 있습니다.

❙ 국민 다수의 여론과 운동으로 아베 정권의 폭주를 저지하자

이상과 같이 주요 사안과 관련해서만 이렇게나 많은 '폭주리스트'가 늘어서 있습니다.

제가 강조하고 싶은 점은, 이 모든 일들이 국민 다수의 목소리를 거스르고 있다는 사실입니다. 어떤 여론조사를 보더라도 소비세 증세, 원전 재가동, 헌법 제9조 개정에 대해 국민의 50%에서 60%가 반대 목소리를 내고 있습니다. TPP 문제에 있어서는 '올 홋카이도'라는 입장에서 반대여론이 고조되는 등 전국 각지에서 지역을 기반으로 한 반대운동이 확산되고 있는 실정입니다. 또한 아시다시피 오스프리 오키나와 배치와 신기지 건설 등과 관련해서도 '올 오키나와'라는, 흔들림 없는 반대의사가 유지되고 있지 않습니까? 국민다수가 "노"라며 반대하는 사안을 밀어 붙이는 것은 민주주의국가에서 용납될 수 없는 일입니다.

이 '폭주 리스트' 중에서 국민의 신임을 얻고 있는 사안은 단 한 가지도 없습니다. 그럼에도 불구하고 아베 신조 총리는 참의원에서 아베노믹스와 관련하여 자신에게 유리한 온갖 수치를 끌어다 대며 자랑을 늘어놓았습니다. 당수 토론에서도 매번 똑같은 말만 되풀이해서 저조차도 그 내용을 죄다 기억하고 있을 정도입니다. 총리는 소비세도, 원전도, TPP도, 헌법도, 기지도, 어느 것 하나 자기 입으로 말하지 않고 그저 모든 것을 뒤로 숨긴 채, 선거를 치러왔습니다. 그러나 일본 국민은 결코 아베 정권에게 '백지위임장'을 준 적이 없습니다. 저는 이 점을 분명히 강조해 두고 싶습니다.

아울러 저는 진심으로 호소합니다.

생활, 평화, 민주주의를 파괴하는 아베 정권의 폭주를 저지하기 위해, 여러 분야에서 공전의 규모로 장대한 국민운동을 벌여야 합니다.

국민 다수의 여론과 운동에 의해 아베 정권의 폭주를 포위하고, 고립시켜, 파탄으로 몰아넣어야 하지 않겠습니까?

우리 일본공산당은 어떤 문제와 관련해서든 발본적 대안을 제시하고, 폭주와 정면으로 대결하는 한편, 국민운동과 연대해 끝까지 싸울 것입니다.

▌소비세 증세 — 고작 3개월의 경제동향으로 공전의 대규모 증세를 판단하는 무모함과 무책임함

물론 여기서 '폭주 리스트'의 모든 부분을 일일이 언급하기는 힘듭니다. 그렇게 하려면 전 지면을 할애해도 모자라기 때문입니다. 따라서 그 중에서도 심각한 두 가지 부분을 조금 더 언급해 보겠습니다.

하나는 소비세 문제입니다.

아베 정권은 내년(2014년)을 기점으로 하는 소비세 증세의 실시를

4~6월기(2013년) 경제지표에 근거해 판단했다고 합니다. 하지만 애초에 13.5조 엔이라는 사상최대의 증세를 고작 3개월, 올 1월부터 계산해 보더라도 고작 반년 정도의 경제동향만으로 판단한다는 것 자체가 책임감 있는 정치적 자세라 하기에는 무리가 있는 것 아닐까요.

1997년 소비세가 5%로 올랐을 당시, 국민들의 소득은 착실히 증가하는 추세였습니다. 증세 실시 이전 4년간 평균 급여를 보면, 연 수입 기준으로 21만 엔 정도가 증가했습니다. 그런데도 강행된 소비세 증세를 포함한 9조 엔의 부담 증가는 가계를 도탄에 빠뜨려, 불황의 도화선으로 작용했습니다.

이번에는 어떻습니까? 일본경제는 장기적인 '디플레 불황'에 빠져 있습니다. 1997년을 피크로 국민들의 소득은 계속 줄어들어 평균급여가 연 수입 기준으로 70만 엔이나 감소했습니다. 장기간에 걸쳐 이렇게 큰 타격을 입고 있는 국민들의 호주머니를 사상 최대의 증세를 통해 털어 간다면, 결과는 불을 보듯 뻔합니다. 국민생활과 가계는 파탄을 맞고, 일본경제가 나락에 빠지며 재정위기마저 악화될 것이라는 사실은 누가 생각하더라도 의심의 여지가 없습니다.

어떤 경제정책을 취할 것인가는 별개로 하더라도, '잃어버린 20년'이라고 할 정도의 후퇴와 침체에 빠져 있는 경제적 상황에서 고작 3개월 동안의 경제동향을 가지고 대폭적인 증세를 결정하는 것 자체가 얼마나 무모하며 무책임한 일인지는 재론할 필요가 없을 만큼 명료하지 않습니까.

이제 모두 함께 일어설 때입니다. 생활도, 경제도, 재정도 모두 무너뜨리는 증세를 중지하라 — 이러한 여론과 운동을 일본열도 방방곡곡에서 일으켜 증세 실시에 어떻게든 대처해나가야 할 것입니다.

▍집단자위권 — 현실정치의 토양에서 바라보는 세 가지 논점

다른 하나는 선거 후 급부상하고 있는 집단자위권 문제입니다.

아베 정권이 집단자위권을 놓고 지금까지 정부의 헌법 해석을 무리하게 바꾸려 하고 있으며, 이를 위한 입법조치를 강구하고 있다는 점은 대단히 심각한 문제입니다.

특히 총리가 이를 위해 내각법제국內閣法制局 장관을 갑자기 해임하고 집단자위권 행사 용인파로 교체시키는 쿠데타적 폭거를 강행한 것은, 법치국가를 뿌리째 뒤흔드는 결코 용납할 수 없는 일입니다.

집단적 자위권 문제는 가공의 시뮬레이션이 아니라 현실정치의 토양에서 논의가 이루어져야 하는 사안입니다. 저는 이를 위해 다음 세 가지 논점이 중요하다고 생각합니다.

첫째, '집단자위권'이라고들 하는데, 여기서 문제가 되는 것은, 이 '집단자위권'이 일본의 '방위'를 위한 것도, 미국의 '방위'를 위한 것도 아니라는 사실입니다.

지금까지 세계의 역사에서 UN헌장 제51조에 근거한 '집단자위권'이 발동되었던 예로 들 수 있는 것은 미국의 베트남 침략전쟁, 구소련에 의한 체코슬로바키아와 아프가니스탄 침략, 미국과 NATO에 의해 2001년에 일어난 아프가니스탄 보복전쟁 등입니다.

이들 중 그 어느 것도 '자위自衛'와는 아무런 관계가 없었습니다. '집단자위권'이란 어떤 의미에서든 '자위'와는 무관한 대국의 무법적 침략전쟁, 군사 개입의 구실로 이용되어 왔다는 것이 세계사적 사실에 다름 아니라는 점을, 저는 강조하고 싶습니다.

둘째, 일본 정치의 역사에서도 '집단자위권'은 미국의 해외전쟁에 대한 일본의 파병을 놓고 항상 문제가 되었습니다.

현실 정치를 보더라도, '집단자위권'이 현실적으로 문제가 된 것은 2000년 10월 리처드 아미티지Richard Armitage 전 미국 국무부장관國務副長官 등이 "집단자위권 행사를 결정하라"고 일본을 압박한 것이 그 출발점이었습니다.

그 후, 2001년 아프가니스탄에 대한 미국의 보복전쟁이 시작되자 부시 정권의 강한 압력으로 인도양·아라비아 해에 자위함 파견이 이루어졌습니다.

이렇듯 아프간과 이라크에 대한 일본의 파병이 문제가 될 때마다 '집단자위권'이 도마에 올랐던 것이 일본 정치의 실제적 움직임이었으며, 자위대 해외파병과 더불어 항상 이 문제가 논의되었던 것입니다.

셋째, 그럼 '집단자위권'이 현실적으로 노리고 있는 바는 무엇일까요. 일본의 해외파병 입법에 대한 일련의 '제동장치'가 제거되어, 자위대가 미국의 대외전쟁에 참전하여 전투지역까지 가서 미군과 함께 전쟁을 벌일 수 있게 되는 것입니다.

일본은 미국의 압력으로 인도양·아라비아 해와 이라크 등에 자위대를 파병했습니다. 아프가니스탄 전쟁을 지원하기 위한 '테러특별조치법'과 이라크 전쟁을 지원하기 위한 '이라크특별조치법' 제2조에는 공통적으로 다음과 같은 내용이 삽입되어 있습니다. "(활동은) 무력행사에 해당하는 것이어서는 안 된다", "(활동지역은) 전투지역이어서는 안 된다." 따라서 이라크에 자위대를 보냈을 때도 고이즈미 당시 총리는

“전투지역에는 가지 않는다”면서 “후방지원 임무를 수행할 뿐”이라고 강조했습니다. 일단 부족하나마 이런 정도의 ‘제동장치’가 존재했던 것입니다.

정부가 ‘집단자위권’ 행사는 헌법 제9조에 비춰볼 때 용납될 수 없다고 언명해왔기 때문에 이런 ‘제동장치’가 작동할 수 있었습니다. 그러나 ‘집단자위권’의 실질적인 목표는 이러한 ‘제동장치’를 제거하고 일본이 미국과 함께 해외에서 아무런 제약도 없이 전쟁을 수행할 수 있도록 만드는 데 있습니다.

우리는 일본을 해외에서 전쟁하는 나라로 바꾸려는 것이야말로 ‘집단적 자위권’ 문제의 본질이라는 점을 분명히 밝히고, 이러한 음모를 분쇄하는 데 전력을 기울일 것입니다.

4. 일본공산당의 노선, 이념, 역사를 올바르게 이해시키기 위한 활동을

제2의 노력방향은 일본공산당의 노선, 이념, 역사를 제대로 이해시키기 위한 활동을 일상적으로, 끊임없이, 보다 적극적으로 전개하는 것입니다.

"강령을 이야기하고, 일본의 전도(前途)에 대해 논의하는" 흐름을 일본열도 전역으로

얼마 전 저는 TV도쿄의 한 방송프로에 출연해 이야기할 기회가 있었습니다. 그 방송프로에서는 유권자에게 공산당에 투표한 이유를 묻는 영상이 소개되었습니다. "가장 제대로 된 정당이지요. 분발해주었으면 합니다"라는 발언에서부터 "(그 주장이) 관철되든 안 되든 간에 (자민당에 대해) 강력하게 할 말을 하는 당은 여기밖에 없습니다"는 발언, 심지어 "(공산당을) 좋아하는 건 아니지만, 저쪽(자민당)이 독주하는 건 바람직하지 않기 때문에(투표했다)"라는 발언까지 나왔습니다.

진행자인 타세 야스히로田勢康弘 씨의 "'공산당을 좋아하지는 않는다. 그래도 기대를 걸 수 있는 당은 오직 공산당뿐이라 표를 던졌다'는 사람들도 꽤 있는 것 같네요"라는 코멘트에 저는 "그런 분들도 계실 겁니다", "그런 분들도 앞으로 공산당을 완전히 좋아하게 되도록 노력하겠습니다"라고 답했습니다.

"공산당을 완전히 좋아하게 되도록" 하는 가장 큰 토대는, 우리의 강령이 제시하는 일본개혁의 방침 — 비정상적인 '대미종속'과 대기업·재계의 횡포한 지배를 타파, 일본의 진정한 독립과 정치·경제·사회의 민주주의적 개혁을 요구하는 목소리를 국민다수의 여론으로 만들기 위한 노력입니다.

▌"일본공산당은 구소련, 중국공산당과 무엇이 다르냐"는 의문에 관하여

우리는 이러한 노력 속에서 국민 여러분의 다양한 질문에 답하면서 당의 그대로의 모습 — 전체상全體像을 전하고자 합니다. 이 부분과 관련해서 자주 제기되는 두 가지 의문에 대해 언급해보겠습니다.

하나는 "일본공산당은 구소련, 중국공산당 등과 무엇이 다르냐"는 의문입니다.

구소련에 관련해서는 스탈린 이래의 횡포한 패권주의 — 일본의 운동에 대한 간섭과 체코슬로바키아 · 아프가니스탄 침략 등에 대해 '사회주의와는 전혀 무관한 행태'라고 강하게 비판하며 완강한 투쟁을 거듭해온 자주독립적 정당이 바로 일본공산당입니다. 스탈린 이후의 구소련처럼 '사회주의' 간판을 내걸면서, 실제로는 인간의 자유, 타민족의 자유를 억압하는 일은 절대로 용납하지 않는다는 것이 우리 일본공산당의 확고한 입장입니다.

중국공산당은 어떨까요. 우리는 지금의 중국이 완전한 "사회주의에 도달해 있다"고 보지는 않습니다. 물론 현재 중국에서 '사회주의를 지향하는 새로운 탐구'가 이루어지고 있는 것은 분명한 사실입니다. 하지만 그 한편으로 많은 '정치 · 경제상의 미해결 문제'가 남아있는 것 또한 사실입니다. 우리는 이 문제와 관련해서 절도를 지켜가며 하나하나, 할 말이 있을 때는 솔직히 전달해 왔습니다.

이를테면 1998년 7월 중 · 일의 양당관계 회복을 위한 첫 회의에서 후와 데쓰조不破哲三 당시 일본공산당 위원장은 "언론에 의한 체제비판에 대해서는, 이를 금지할 것이 아니라 언론에 대응하는 정치제도를 향한 발전을 전망하는 것이 중요하다고 생각한다"고 표명했습니다. 중국 지도부에 장래의 정치제도에 관한 문제에 대하여 솔직한 의견을 전한 정당은 일본공산당이 유일할 것이라고 생각합니다.

아울러 최근에는 센카쿠尖閣・조어도釣魚島 문제와 관련해서 2012년 9월에 주일중국대사와 회담을 진행하는 한편, 중・일 양국 간 물리적 대응이나 군사적 대응을 엄격히 자제하고, 냉정한 외교적 교섭을 통해 해결하는 것이 중요하다는 입장을 전달한 바 있습니다. 이 문제에 대해 이토록 이성적이고 냉정한 활동을 전개하고 있는 정당도 일본공산당뿐이라고 생각합니다.

중・일, 일・중 양국 국민의 우호관계를 염원하는 가운데, 절도를 지켜가며 하나하나, 할 말이 있을 때에는 상대방에게 솔직히 전달해야 한다는 것이 일본공산당의 입장이라는 것을, 저는 강조하고 싶습니다. 그리고 일본의 미래와 관련한 문제에 대해서는, 강령의 내용을 통해 "사회주의・공산주의 일본에서는 민주주의와 자유의 성과를 비롯해, 자본주의 시대의 모든 가치 있는 성과들이 받아들여짐은 물론, 더욱 발전할 것"이라는 확고한 방침을 명기해놓고 있습니다.

또한 강령에는 " '사회주의'라는 이름 아래, 특정한 정당에 '지도' 정당으로서의 특권을 부여하거나, 특정의 세계관을 '국정의 철학'으로 의무지우는 일은, 일본에서의 사회주의의 길과 무연無緣하며, 엄격히 거부한다"고도 명기되어 있습니다.

현재 중국・베트남・쿠바 등은 공산당의 특별한 지도적 위치를 인정하는 체제를 채택하고 있지만, 일본의 경우에는 장래에도 그런 체제는 결코 채택되지 않을 것이라고, 일본공산당이 강령을 통해 명확히 선언하고 있는 것입니다.

❙ "일본공산당은 왜 당명을 바꾸지 않느냐"는 의문에 관하여

다른 하나는 "일본공산당은 왜 당명을 바꾸지 않느냐"고 하는, 무척 자주 등장하는 의문입니다.

저는 선거가 끝난 뒤 TBS의 '정보 7 days'라는 방송에 출연할 기회가 있었습니다. 그 방송프로에서 '○', '×' 팻말을 들어 일련의 질문에 답하는 인터뷰를 받았습니다.

바로 그 인터뷰에서 "공산당이라는 당명 때문에 손해를 보고 있다고 생각합니까?"라는 질문이 등장했습니다. 저는 당연히 '×' 팻말을 들었습니다. 그리고 그 이유에 대해 "우리의 당명은 우리가 정도를 벗어나지 않고, 이치에 맞게 모든 일을 하고 있음을 상징합니다. 걸핏하면 당명이 바뀌는 정당이라면 신뢰하기 힘들지 않겠습니까?"라고 답해주었습니다. 그러자 코멘테이터commentator로 출연한 교육학자 사이토 타카시齋藤孝 씨가 "당명이라는 것은 정체성을 나타내주는 것이기 때문에, 이래저래 바뀌는 것은 위험한 면이 있습니다. 사회당이 당명을 바꿔 사민당이 되면 뭔가 일관성이 결여된 것처럼 보이듯이 말입니다. 노포老舗란 이름을 바꾸지 않아야 성공한 것이라 할 수 있지요"라고 코멘트 해주었습니다. 뭔가 납득하고 있는 것 같은 발언이었습니다.

수많은 당들이 하루가 멀다고 이합집산을 거듭하는 요즈음, 당명을 바꾸지 않는다는 사실은 그 자체만으로도 일본공산당의 일관된 자세를 상징해주고 있는 것 아닐까요.

그러한 맥락에서 저는 다음 두 가지를 강조하고 싶습니다.

첫째, 일본공산당이라는 당명은 창당 이후 91년간 '반전평화', '국민주권'의 깃발을 목숨 걸고 지켜온 불굴의 역사와 불가분의 관계에 있다는 점입니다. 저는 특히 지금의 정세에서 이러한 역사가 더더욱 빛을 발할 것이라 생각합니다.

최근 아베 총리의 '무라야마村山 담화' 재검토 발언, 아소 다로麻生太郎 부총리의 나치스 긍정 발언 등 과거의 파시즘과 침략전쟁을 긍정하는, 역사에 역행하는 움직임이 줄을 잇고 있습니다. 아베 총리는 '가치관 외교'라는 것을 표방하고 있지만, 국제정치에 있어 '가치관'을 문제 삼는다면 무엇보다 과거의 일본과 독일, 그리고 이탈리아의 파시즘과 침략전쟁을 단죄하고, 다시는 반복되지 않도록 하는 '가치관'이야말로 체제 여하를 막론한 인류공통의 '가치관'이 아니겠습니까? 이 '가치관'을 뒤집고 역사를 역행하는 입장에 서는 자에게는 국제정치에 참가할 자격이 없다는 점을 저는 강조하지 않을 수 없습니다.

이러한 흐름과 대조적으로 일본공산당은 전전의 어두운 시대로부터 이 인류공통의 '가치관'에 입각해 불굴의 투쟁을 이어온 당이며, 그러한 의미에서 일본공산당이라는 당명에는 많은 선인들의 불굴의 투쟁이 각인되어 있다는 것을 저는 호소하는 바입니다.

둘째, 우리는 인류가 장래에 자본주의의 여러 모순을 극복하고, 미래사회 — 사회주의·공산주의 사회로 나갈 것이라 전망하고 있습니다.

새로운 강령을 정한 2004년의 제23회 당대회 결어結語에서 후와 데쓰조 당시 의장은 미래사회에 대해 다음과 같이 말한 바 있습니다.

> 미래사회의 특질은 무엇인가? 한마디로 하면 인간의 자유, 인간의 해방입니다. 인간이 사회의 주인공으로서 인간의 범주를 넘어서는 어떤 외력에도

종속되지 않고 어떤 착취도, 어떤 억압도, 어떤 차별도 없이 서로 협력하는 가운데 인간사회와 우리들 인간 그 자체의 약진을 실현해 가는 사회, 더불어 인류의 무한한 전진이라는 미래가 펼쳐지는 사회, 이것이 우리가 지향하는 미래상인 것입니다. 이러한 사회를 그리면서, 우리의 대선배인 마르크스, 엥겔스는 인간의 '자유'라는 말을 몇 번이나 되풀이 했을까요?

우리의 강령은 2003년 6월에 개최된 중앙위원회 총회에서 개정안 제안이 이루어지고 이에 기초한 전당 토론이 진행된 후, 다시 대회에서의 보고와 토론에 의해 마르크스와 엥겔스가 본래 지향하던 미래사회상을 규명하고 보다 심화시키는 과정을 거쳤습니다. 그리고 모든 토론을 종합한 결어로서 강령이 제시한 인류사회의 미래상에 '한마디로 인간의 자유, 인간의 해방'이라는 것이 정확히 표명되어 있던 것을 크나큰 감동으로 받아들였던 일을, 저는 지금까지도 기억하고 있습니다.

이렇듯 일본공산당이라는 당명에는 91년 불굴의 역사와 미래사회의 이상이 녹아있습니다.

우리는 이 깃발을 높이 내걸고 앞으로도 흔들림 없는 전진 · 약진을 이어갈 것입니다.

5. 희망찬 미래를 여는 크고 강한 정당으로

1) 크고 강한 정당을 만드는 일이야말로 '제3의 약진'을 본격적인 흐름으로 자리 잡게 해 줄 것

제3의 노력방향은 희망찬 미래를 여는 크고 강한 정당을 만드는 일입니다. 이 점과 관련해서 제가 진솔하게 호소하고 싶은 것은 참의원 선거에서 이뤄낸 우리 당의 정치적 영향력 확대와 우리 당의 자력自力 — 당원과 《신문 아카하타》 독자 등의 당세와의 사이에 다소 괴리가 존재한다는 사실입니다.

앞서 언급했던 바와 같이 이번 참의원 선거 결과, 우리는 득표의 측면에서는 강령 실현 — 민주연합정권 수립을 향한 '성장 · 발전 목표'인 '10% 이상의 득표율' 획득에 있어서 주요한 '일보전진'을 기록했습니다. 10개 도도부현, 550개 시정촌에서 득표율이 10%를 넘어선 것은 모두의 힘으로 이뤄낸 중요한 성과입니다.

동시에 우리는 '10% 이상의 득표율'을 획득하기 위해 전국 어디에서든 "유권자 대비 0.5% 이상의 당원과 《신문 아카하타》 일간지 독자, 2% 이상의 일요판 독자"라는 당세 구축을 목표로 하고 있습니다. 이러한 목표에 비추어 볼 때, 일정 수준을 넘어서는 곳은 당원의 경우 교토부와 코치 현이 있으나 일간지 독자의 경우에는 교토부뿐이며 일요판 독자의 경우에는 2%를 넘어서는 곳이 단 한 군데도 없습니다. 선거로 얻은 득표와 실제 당세와의 사이에 괴리가 존재하는 것입니다.

이 괴리를 메우고 어떤 정세가 전개되든 자력으로 전도를 개척할 수 있는 크고 강한 당을 만들 수 있을 때, 비로소 '제3의 약진'은 일과성으로 끝나지 않고 커다란 흐름으로 자리 잡을 수 있을 것입니다. 우리는 이 점을 명심하여 지혜와 힘을 다해 일대 우리의 사업에 도전하고자 합니다.

일본공산당을 보다 크고 강한 당으로 만드는 일이야말로 자민당 정치의 폐단으로 인한 정치 전반의 정체를 타개하고, 국민들 누구나 희망을 안고 살아갈 수 있는 새로운 일본을 만들기 위한 최대의 힘입니다. 시작된 '제3의 약진'을 본격적으로 자리 잡게 해서 2010년대에 '성장·발전목표'라는 첫 번째 봉우리를 넘어, 민주연합정권 수립이라는 일대 목표의 실현을 도모하는 이 역사적 사업을 향해 함께 손잡고 나아가야 하겠습니다.

2) 한국으로부터의 '축하메시지'

일본공산당의 약진은 일본만의 문제가 아닙니다. 아시아와 세계의 평화와 진보에 있어서도 큰 의미가 있는 일입니다.

얼마 전, 제 책 『일본공산당은 어떤 당인가』(2007년, 신일본출판사)가 한국어로 번역되어 『지금, 일본공산당』이라는 제목으로 출판되었습니다.

한국의 다양한 식자들로부터 서평이 전해졌는데, 그 중 저명한 영화감독으로 알려진 정윤철 씨의 서평은 특별히 감명 깊었습니다. 정 감독은 6월에 보내주신 서평에서 다음과 같이 말씀하셨습니다.

이 책을 읽고, 올해로 무려 창당 91주년을 맞는 일본공산당은 그 무서운(?)

이름과는 달리 일본 사회의 진정한 양심이자 희망이며, 커다란 축복임을 깨닫게 되었다.

진정한 친구란 가장 어려운 때 손을 내밀어 주는 존재임을 생각할 때, 한국인들이 가장 어려웠던 과거 일본 제국주의 식민지 시절, 오로지 일본공산당만이 식민지 지배에 반대하고 조선의 해방을 주장했다는 사실은, 일본공산당이야말로 우리 한국인들의 가장 친한 친구이자 든든한 연대세력이라는 사실을 실감하게 해준다.

당신들의 의연한 승리는 일본만이 아닌, 아시아의 진정한 평화와 행복을 가져올 것이다.

그러고 나서 정 감독은 "아무쪼록 7월 선거에서 기쁜 소식을 기원한다"면서 약진에 대한 기대를 피력하셨습니다.

그 정 감독이 3일전 보내주신, 참의원 선거 약진에 대한 열렬한 '축하메시지'도 소개해 보고 싶습니다.

일본공산당이 참의원 선거에서 보여준 놀라운 약진은 한국 국민들에게 용기를 주는 일대 쾌거라 하겠습니다. 일본공산당이 어떻게 국민의 마음을 움직였고, 어떻게 정당 교부금을 한 푼도 받지 않은 채 자력으로 이렇게까지 놀라운 성과를 올렸으며, 도대체 무엇이 그들이 90년간 강인한 생명력을 유지하는 가운데, 원대한 꿈을 꿀 수 있게 해주었는지에 대해 생각하는 일은, 분명 오늘의 현실을 바라보는 데 있어서도 큰 힘이 될 것입니다. …… 저는 꿈꿉니다. 10년 후 창당 100주년을 맞는 해에 여러분이 일본 정치의 새로운 주역으로 등장하는 감동적 순간을! …… 또한 저는 그 꿈이 반드시 이루어지리라고 확신합니다.

바다 건너 한국에서, 일본공산당의 약진은 '한국 국민들에게 용기를 주는 일대 쾌거'이며, 일본공산당이 '일본 정치의 새로운 주역'이 되어, 하루빨리 집권해 주기 바란다는 뜨거운 응원이 전해진 사실은 대단히 기쁜 일입니다.

3) 국민의 희망과 행복, 아시아 및 세계의 평화와 사회진보를 지향하며

시작된 일본공산당의 '제3의 약진'이 과연 일본의 정치를 바꾸는 커다란 흐름이 되어줄 수 있을 것인가? 오늘, 변혁의 당으로서 우리의 진가가 시험대에 올라 있습니다. 이 사업의 성공은 일본 국민들에게 희망과 행복을 선사함은 물론, 아시아와 세계의 평화와 사회진보에 공헌할 수 있는 일이기도 합니다.

우리는 이 점을 가슴에 새기고, 일본공산당의 전진과 약진을 위해 온 힘을 다할 것입니다.

아울러, 저 역시 선두에 서서 끝까지 노력을 경주하겠다는 결의를 표명하며 이 글을 맺습니다.

동북아시아의 화해와 우호 그리고 평화를 위해

우리가 사는 동북아시아에는 북한 핵무기 문제, 영토와 관련된 분쟁 문제, 역사 문제를 둘러싼 대립, 상호불신 등 다양한 긴장과 분쟁의 불씨가 존재합니다. 어떻게 이 지역에 평화적 환경을 구축할 수 있을까요?

2015년은 제2차 세계대전 종전 70주년이기도 합니다. 이 역사적인 해를 일본과 아시아 국가들이 '화해와 우호'로 향하는 해로 만들기 위해 무엇이 필요할까요? 특히 일본정치에 요구되는 것은 무엇일까요?

이러한 문제와 관련해서 우리가 어떻게 생각하며, 또한 어떻게 행동하고 있는지를 이 책의 마지막 지면을 빌려 소개해 보고 싶습니다.

'동북아시아 평화협력 구상'을 제창한다

'군사 대 군사'의 위험한 악순환과의 단호한 결별을

우선 이야기해 볼 것은 이 지역에 평화적 환경을 구축하기 위해 무엇이 필요할까라는 문제입니다. 현재 동북아시아에 다양한 긴장과 분쟁의 불씨가 존재한다는 것은 분명한 사실입니다. 하지만 그러한 사태에 오로지 군사적으로만 대응한다면 어떻게 될까요?

아베 총리는 사사건건 "우리나라를 둘러싼 안보 환경이 악화되고 있다"고 강조하며 '억지력'을 강화하기 위해서라는 구실에 따라 집단자위권 행사를 정당화시키려 합니다. 그러나 온갖 분쟁 문제에 '억지력' 강화와 군사력 증강으로만 대응한다면 어떻게 될까요. 상대방도 당연히 군사력 증강을 가속화하게 될 것입니다. 그렇게 되면 결국 '군사 대 군사'라는 위험스러운 긴장만 확대되는 악순환이 거듭될 뿐입니다.

이렇듯 우리는 유해하고 위험한 길과 단호히 결별하고, 어떤 문제와 관련해서든 도리道理의 편에 선 외교적 교섭에 의해 평화적 해결을 도모하기 위해서는 헌법 제9조의 정신에 근거한 외교 전략의 확립이 오늘날의 일본에 요구된다고 주장하는 바입니다.

'동북아시아 평화협력 구상' — 그 목표와 원칙

일본공산당은 2014년 1월에 열린 제26차 당대회에서 다음의 목표와 원칙에 입각한 '동북아시아 평화협력 구상'을 제창했습니다.

- 관련 국가들의 분쟁해결의 준거 기준이 되는 평화의 룰로서 무력행사의 포기, 분쟁의 평화적 해결, 내정 불간섭, 신뢰 구축을 위한 효과적인 대화와 협력 촉진 등을 규정한 동북아시아 규모의 '우호협력조약' 체결을 지향한다.
- 북한 문제와 관련, 6자회담 참가국들이 2005년 9월에 합의한 공동성명의 입장으로 돌아가 한반도 비핵화, 핵미사일, 납치, 과거 청산 등과 같은

현안 문제의 포괄적 해결을 도모하며, 이 틀을 동북아시아 평화와 안정의 틀로 발전시킨다.

- 이 지역에 존재하는 영토 분쟁의 해결과 관련해서 역사적 사실과 국제법에 근거한 외교적 해결방안을 추구한다. 힘에 의한 현상 변경, 무력행사 및 위협 등 분쟁을 고조시키는 행동을 엄격히 삼간다. 국제법에 따라 우호적 협의 및 협상을 통해 분쟁을 해결하는 행동 규범의 합의를 지향한다.
- 동북아시아의 우호와 협력을 발전시키는 데 있어, 일본이 과거에 저지른 침략 전쟁과 식민지 지배에 대한 반성은 불가결의 토대가 된다. 일본군 위안부 문제 등 미해결 과제를 신속히 해결하는 동시에 역사를 위조하는 역류의 대두를 불허한다.

ASEAN이 실천 중인 평화를 위한 지역 공동의 대처

이 구상은 결코 이상론이 아닙니다. 이미 동남아시아 국가들 — ASEAN이 실천 중인 평화를 위한 지역 공동의 대처를 동북아시아에서도 구축하자는 것이기 때문입니다.

우리는 그간 동남아시아 국가들을 방문할 때마다 이와 같은 ASEAN의 대처를 직접 확인할 수 있었습니다. 저 자신이 인도네시아, 베트남, 캄보디아 등을 방문하고 아시아정당국제회의(ICAPP)에 참석하여 동남아시아의 여러 정당들과 교류하는 가운데, 이 지역에서 우리가 배워야 할 많은 교훈과 희망적인 흐름이 일어나고 있다는 사실에 눈이 번쩍 띄었습니다.

1960년대와 70년대만 해도 분열과 전쟁이 지배했던 이 지역이, 이제는 평화·발전·협력의 토대로 바뀌고, 급기야 2015년에는 ASEAN공동체가 설립되려 하고 있습니다. 이러한 역사적 변화는 끈질

긴 협의와 합의를 거듭해서 평화적 수단에 의한 안전보장을 도모하고 다자간의 틀을 만들어 내려는 일관된 노력의 결실이었습니다.

그리하여 ASEAN은 TAC, ASEAN 지역안보포럼(ARF), 동아시아서미트(EAS), 동남아시아비핵지대조약(SEANWFZ), 남중국해행동선언(DOC) 등 중층적 평화와 안보의 틀을 만들어, 이를 대외적으로 확대하고 있습니다.

이 중에서도 특히 우리가 주목하는 것은 TAC의 중요성입니다. 1976년 체결된 TAC는 독립 · 주권의 존중, 내정 불간섭, 분쟁의 평화적 해결, 무력행사의 포기, 효과적인 협력 등과 같은 기본 원칙을 내걸고 ASEAN 국가들의 국제문제를 다루는 평화의 룰로 만들어졌습니다. 그리고 1987년 이후, ASEAN은 물론 ASEAN 지역 외 국가들 간의 안전보장 관계의 기초가 되는 국제조약으로 확대되었습니다. 그렇게 TAC은 유라시아 대륙의 대부분은 물론 남 · 북아메리카 대륙까지 포함된 57개국으로 확산되어 세계 인구의 72%가 참여하는 거대한 흐름으로 성장했습니다. 실로 동남아시아가 아시아는 물론 세계 평화의 원천이 되고 있다고 해도 과언이 아닌 것입니다.

이들 전체를 관통하는 사고를 정리해 보면 다음과 같습니다.

- 군사 블록처럼 외부에 가상의 적을 설정하지 않고 지역 내 모든 나라들을 받아들이는 동시에, 아시아와 세계에 열려 있는 평화의 지역공동체가 되고 있다.
- 군사적 수단, 군사적 억지력에만 의존하는 안전보장이라는 사고의 틀을 벗어나 대화와 신뢰, 그리고 분쟁의 평화적 해결 등 평화적 접근을

통해 안전보장을 추구하는, 가히 '평화적 안전보장'이라 할 만한 새로운 사고에 기초해 있다.

- 정치 · 사회 체제의 차이, 경제적 발전 단계의 차이, 문명의 차이 등을 상호간 존중하는 "다양성에 근거한 공동의 발전을 도모한다"는 사고를 고수한다.

물론 동남아시아 지역 내에서도 수많은 분쟁 문제가 존재합니다. 일단 미국이 이 지역에서의 영향력을 강화하려는 움직임이 있으며, 다른 한편으로 중국도 영향력 확대를 도모하고 있습니다. 그 이외에도 다양한 갈등과 분쟁 등이 일어나고 있습니다. 하지만 그러한 가운데서도 ASEAN 국가들은 어떤 대국의 지배권도 인정하지 않는, 자주적 결말을 이끌어 냄과 동시에 철저한 대화를 통해 "분쟁을 전쟁으로 악화시키지 않는", "분쟁의 평화적 해결"을 실천하고 있습니다. 그리고 이 평화적 흐름을 아시아 태평양 전체, 한발 더 나아가서는 세계적 차원으로 확대하려고 합니다. 바로 여기에 우리가 배워야할 미래지향적 흐름이 있다고 생각합니다.

'구상'의 현실성 — 동아시아 정부들로부터의 평화협력 제창

우리는 오늘날 동아시아 국가들 사이에서 동북아시아 평화를 위한 '지역 공동'을 이루자는 제창이 일어나고 있다는 점에 주목합니다.

실제로 한국의 박근혜 대통령도 '동북아시아 평화협력 구상'을 제창한 바 있습니다. 동북아시아 국가들이 환경, 재해, 테러 등에 대해 일단 소프트한 의제들에 관한 대화와 협력으로 신뢰를 쌓은 후, 점차 다른 분야로 협력의 범위를 확대해 가는 대화 프로세스를 진행하는 가운데 평화와 협력의 메커니즘을 구축해 나가자고 제안한 것입니다. 그리고 이 '구상'에 대해 많은 나라들이 찬성의 의사를 밝혔는데, 사실 이는 우리 당이 '제창'한 국제관계의 방향과도 많은 부분이 겹쳐집니다. 저는 이를 적극 환영하는 한편, 장차 이 프로세스가 실제적으로 진행될 것을 진심으로 바라고 있습니다.

아울러 인도네시아 정부는 '인도 · 태평양 우호 협력 조약' 체결을 호소하는 가운데, TAC와 같은 무력행사 포기, 분쟁의 평화적 해결 등의 원칙에 따른 지역적 평화협력의 틀을 인도양과 태평양을 가로지르는 광대한 지역으로 확대할 것을 제창하고 있습니다.

이른바 '인도 · 태평양판 TAC'의 체결을 위한 호소가 그것입니다. 실로 장대한 스케일을 가진 이 구상은 명확한 현실적 기반을 가지고 있기도 합니다. 이미 2011년 11월에 개최된 EAS에서 '호혜관계를 위한 발리Bali 원칙'이 조인되었는데, 여기서 TAC가 내세운 원칙이 고스란히 반영되었기 때문입니다. 이 '발리 원칙'의 내용들이 법적 의무가 수반된 조약으로 만들어진다면, '인도 · 태평양 우호 협력 조약'은 현실화될 수 있을 것입니다.

이와 같은 움직임에 비추어 볼 때, 우리의 '동북아시아 평화협력 구상'도 충분히 희망을 가질 수 있지 않겠습니까?

우리는 이 제안을 가지고, 관계 당사국 정부 안팎의 사람들과 대화를 거듭해 왔습니다. 그 과정에서 한국의 청년들을 대상으로 이 문제와 관련한 강연 및 질의를 할 기회도 있었습니다. 이와 같은 우리의 제창에 많은 분들로부터 환영의 뜻이 전해진 것은 대단히 기쁜 일이라

하지 않을 수 없습니다.

전후 70년 — '화해와 우호'를 위해 일본의 정치가 취해야 할 기본자세

다음으로 이야기해 볼 것은 제2차 세계대전 종전 70주년이라는 이 역사적인 해를, 일본과 아시아 국가들이 '화해와 우호'로 향하는 해로 만들기 위해 일본의 정치에 무엇이 요구되는지에 관한 문제입니다.

역사 문제에 대한 아베 총리의 불성실한 태도

이 문제와 관련, 아베 총리가 올해 발표한다는 이른바 '전후 70년 신담화'에 국내외의 우려와 비판이 집중되고 있습니다.

아베 총리는 전후 50년을 맞는 시점에 일본 정부가 발표한 '무라야마 담화'와 일본군 '위안부' 문제에 있어, 군의 관여와 강제를 인정한 '고노 담화'를 "전체적으로 계승한다"고 말한 바 있습니다. 하지만 '식민지 지배와 침략', '위안소에서의 강제'에 대한 반성 등 핵심적 부분까지 계승하겠다고는 결코 말하지 않습니다. 뿐만 아니라 야스쿠니 신사 참배로 상징되듯, '담화'의 정신을 배반하는 언동을 거듭해 왔습니다. 또한 모두에서도 이미 소개했지만, 지난 5월 20일에 있었던 당수 토론에서도 제가 "과거 일본이 벌인 전쟁이 '잘못된 전쟁'이었다는 인식을 가지고 있느냐"고 반복적으로 질문했지만 총리는 일본의 전쟁이 '잘못된 전쟁'이었음을 끝내 인정하지 않았습니다.

이러한 불성실함의 근원에는 아베 총리 자신의 비뚤어진 역사관 —

침략전쟁을 긍정·미화하는 입장이 자리 잡고 있다는 것은 숨길 수 없는 사실입니다.

우리는 '무라야마 담화'와 '고노 담화'의 도달점을 후퇴시키고 애매하게 만드는 '신담화'가 모두에게 백해무익하며, 결코 발표조차 해서는 안 된다고 강력히 주장하고 있습니다.

일본의 정치가 취해야 다섯 가지 기본자세

일본공산당은 2015년 1월에 개최된 제26차 당대회 제3회 중앙위원회 총회에서 전후 70년인 올해가 일본과 아시아 국가들이 '화해와 우호'로 향하는 해가 될 수 있도록 힘을 다할 것을 표명함과 동시에, 이를 위해 일본 정치가 취해야 할 다섯 가지 기본자세를 제창했습니다.

첫 번째는 '무라야마 담화'와 '고노 담화'의 핵심적 내용을 계승하고 담화의 정신에 걸맞은 행동을 취하며 담화를 부정하려는 모든 움직임을 단호히 배격하는 일입니다.

두 번째는 일본군 '위안부' 문제와 관련, 피해자에 대한 사죄와 배상 등 인간으로서의 존엄을 회복할 수 있는 해결에 착수하는 일입니다.

세 번째는 국정國政의 장에 있는 정치인이 야스쿠니 신사를 참배하는 것은 침략전쟁을 긍정하는 의사의 표시이므로 총리와 각료의 야스쿠니 참배를 결코 행하지 않는다는 것을 '일본 정치의 룰'로서 확립하는 일입니다.

네 번째는 민족 차별을 부추기는 헤이트스피치hatespeech가 근절될 수 있도록 입법적 조치를 포함, 정치가 단호한 입장을 취하는 일입니다.

다섯 번째는 '무라야마 담화'와 '고노 담화'에서 정부가 표명한 과거의 잘못에 대한 반성적 입장을 성실하고 진지하게 학교 교과서에 반영시키기 위해 노력을 기울이는 일입니다.

이 문제는 우리가 제창한 '동북아시아 평화협력 구상'의 네 가지 목표·원칙의 전제적 토대에 해당하는 중대한 사안입니다. 동북아시아의 평화와 안정을 도모하는 틀을 구축하기 위한 모든 노력의 기초가 되는 것은 신뢰입니다. 믿음이 없으면 진솔한 대화가 이루어질 수도, 진정한 평화를 이루어 낼 수도 없기 때문입니다. 신뢰란 역사의 진실에 정면으로 마주하고, 성실하고 진지하게 잘못을 시인하며 미래를 위한 교훈으로 삼는 태도를 통해 얻어질 수 있다고 우리는 확신합니다.

일본공산당은 93년 역사를 통해 침략전쟁과 식민지 지배에 목숨 걸고 반대운동을 관철해온 당으로서, 역사를 위조하는 역류 현상을 결코 용서치 않을 것이며, 일본을 세계와 아시아로부터 신뢰와 존경을 받는 나라로 만들기 위해 온 힘을 쏟을 것입니다.

옮긴이의 말

2015년 4월 27일 일본의 기시다 후미오岸田文雄 외무상과 나카타니 겐中谷元 방위상, 그리고 미국의 존 케리John Kerry 국무장관과 애슈턴 카터Ashton Carter 국방장관 등이 참석한 가운데 뉴욕에서 열린 미·일 안전보장협의위원회(SCC)에서 미국은 "일본의 '적극적 평화주의' 정책 및 2014년 7월 각의결정을 반영한 해당 법제 정비를 위해 현재 진행되고 있는 대응을 환영하고 지지한다"는 입장을 공식적으로 확인했다.

지난 2014년 7월 11일 척 헤이글Chuck Hagel 당시 미국 국방장관이 오노데라 이쓰노리小野寺五典 방위상과 회담 후 가진 공동기자회견에서 집단자위권 행사 용인을 도모하는 아베 정권의 각의결정에 대해 "자기 방어를 넘어 더 큰 군사적 책임을 지기 위해 헌법 해석을 변경하기로 한 것을 강력히 지지한다"고 표명한 지 8개월 만의 일이다.

미국의 공개적 지지의사 천명에 고무된 아베 정권은 가공할 추진력을 발휘, 2015년 5월 14일 각의결정을 구체화하는 11개 법안을 '평화안전법제'라는 이름으로 국회에 제출했다. 집권여당인 자민당은 홈페이지에 공개한 정책홍보자료를 통해 그 핵심을 다음과 같이 설명한다.

일본을 지키기 위한 집단적 자위권 행사의 한정적 허용

일본의 동맹국이나 우방국이 공격받고, 그것이 일본의 존립이 위협받는 '신(新) 3요건' *에 해당할 경우에 한해 일본 방위를 위한 자위 조치로 필요최소한(必要最小限)의 무력행사가 가능하도록 함.

평화와 안전을 지키는 활동에 대한 지원의 확충 · 신속화

일본의 평화와 안전에 중요한 영향을 주는 사태가 발생했을 경우, 자위대에 의한 외국 군대의 후방 지원(보급 · 수송 · 의료 등)을 원활히 실시할 수 있도록 함. 단, 전투 현장에서는 지원 활동을 실시하지 않음. 같은 후방 지원을 국제 사회의 평화와 안전을 위협하는 사태에 대해서도 수행할 수 있도록 새로운 법을 제정.

국제 공헌의 확대

분쟁 후 국제 공헌 차원에서 자위대가 지금까지 참여해 온 UN의 평화유지활동(PKO)에 부가하여, 유지국(有志國)이 실시하는 유사한 활동일 경우에도 PKO와 같은 조건을 충족하면 참여할 수 있도록 함. 또한 부근에서 활동 중인 일본인 자원봉사자 등이 위험에 처할 경우, 자위대가 달려가 경호 업무를 수행할 수 있도록 하고, 그 경우에 한해 무기 사용 제한을 완화.

낙도(落島) 경비를 위한 신속한 출동과 재외일본인 구출을 가능토록 함

군대가 아닌 무장 집단이 외딴 섬을 불법 점거하는 케이스 등으로 경찰의 대처 능력이 한계에 봉착할 경우, 신속히 자위대가 출동할 수 있도록 함. 또한 재외일본인에게 위해가 미칠 우려가 있을 경우, 해당 국가의 동의 등 일정 조건하에 자위대가 구출 임무를 수행할 수 있도록 함.

---

* 아베 정권은 '무력행사 시의 엄격한 규정'으로 "① 우리나라에 대한 무력 공격이 발생했거나 우리나라와 밀접한 관계에 있는 타국에 대한 무력 공격이 발생, 우리나라의 존립이 위협 받고 국민의 생명, 자유 및 행복 추구의 권리가 송두리째 뒤집힐 명백한 위험이 있을 것, ② 이를 배제하고, 우리나라의 존립과 국민을 지키기 위해 다른 적당한 수단이 없을 것, ③ 필요최소한도의

아울러, 이러한 '평화안전법제'가 '방위 차원을 넘어선 군사행동'으로 변질될지 모른다는 우려에 대해, 자민당은 위에서 언급된 '신3요건'과 '국회 승인' 등과 같은 '엄격한 제동장치'가 존재한다고 강변하고 있다.

하지만 이 '엄격한 제동장치'가 어떤 '역사적 경험'으로 인해 아시아 주변국들이 느끼는 '불안'까지 불식시키기는 힘들어 보인다.

이러한 '불안'은 지난 2013년 12월 17일 아베 정권이 내놓은 '국가 안전 보장 전략' 2장 1절에 기술된 '적극적 평화주의'의 정의를 살펴보면 더욱 심화된다.

> 한편, 현재 우리나라를 둘러싼 안보 환경이 긴박함을 더해가고 있는 것이나 우리나라가 복잡하고 중대한 국가 안전 보장 상의 과제에 직면하고 있는 것을 감안하면, 국제협조주의의 관점에서 보더라도 보다 적극적인 대응이 필수적이다. 우리나라의 평화와 안전은 우리나라 일국(一國)의 힘만으로 확보될 수 없으며, 국제사회 또한 우리나라가 그 국력에 걸맞은 형태로 국제사회의 평화와 안정을 위해 보다 적극적인 역할을 다해 주기를 기대하고 있다.
>
> 이에 근거해서 우리나라는 앞으로의 안전 보장 환경하에서 평화국가로서의 행보를 견지하는 한편, 국제정치경제의 주요 플레이어로서 국제협조주의에 입각한 적극적 평화주의의 입장에서 국가의 안전 및 아시아 · 태평양 지역의 평화와 안정을 실현하며 국제사회의 평화와 안정, 번영의 확보에 지금까지 이상으로 적극적인 기여를 할 것이다. 이것이야말로 우리나라가 내걸어야 할 국가 안전 보장의 기본 이념이다.

'우리나라를 둘러싼 안보 환경', '국제사회의 평화와 안정'을 위한 '보다 적극적인 역할', 그리고 '지금까지 이상'의 '적극적'인 '기여' 등

실력 행사에 머물게 할 것" 등의 사항을 규정해 놓았다. (역자 주)

애매한 표현들로 포장되어 있지만, 결국 어렵지 않게 그 숨은 의도(hidden agenda)가 간파되는 아베 정권의 속내에 대해, 시이 가즈오 일본 공산당 중앙위원회 간부회 위원장(현 중의원의원)은 자신의 저서 『전쟁이냐 평화냐: 전후 70년의 동북아시아 평화』를 통해 "역사를 뒤집고 헌법을 파괴해 '죽고 죽이는' 일본을 만들려는 폭거"라고 선명하게 비판한다.

자민·공명당 연립정권의 수장인 아베 총리와 동갑내기(1954년생)로, 같은 해(1993년) 국회에 입성한 이력을 가진 시이 위원장은, 이후 만 22년째 아베 총리의 '숙적宿敵'으로 불리며 "일본 극우세력의 가장 강하고 끈질긴 저항군"인 일본공산당을 이끌고 있다. 시이 위원장은 지난 5월 20일 아베 총리와 가진 당수토론에서 '포츠담선언'을 인용, 헌법 제9조를 파괴하고, 일본을 '해외에서 전쟁하는 나라'로 뒤바꾸려는 책동에 정면으로 제동을 걸며, 그러한 폭주가 뜻대로 이루어지지 않을 것임을 강력히 시사했다. 바로 다음날 일본의 인터넷에서 아베 총리는 "포츠담 선언도 모르는 내각수반"이라며 조롱거리가 되었는데, 사실 이는 그리 낯설지 않은 풍경이다.

지난 2005년 8월, 'TV아사히'에서 방영된 일대일 대결토론에서도 당시 고이즈미의 정치적 후계자로 전승가도를 달리던 아베 총리(당시 중의원의원)는 이른바 '야스쿠니 사관'으로 정의되는 그의 역사인식과 관련, 함께 출연한 시이 위원장으로부터 맹공을 당한 끝에 얼토당토않은 답변을 함으로써 '국민적 웃음거리'가 되었던 적이 있기 때문이다.

현재 일본공산당은 바야흐로 1960년대 말부터 70년대 사이에 있었던 '제1의 약진'과 1990년대 후반에 있었던 '제2의 약진'의 뒤를 잇는

'제3의 약진' 시기에 접어들어 있다. 이는 2013년 7월의 참의원 선거, 2014년 12월의 중의원 선거, 그리고 2015년 4월의 일제 지방선거 등에서 끊임없이 이어지는 기하급수적 당세확장을 통해 증명된다.

결국 역사문제 등 민감한 사안과 관련, 늘 반대의 목소리를 높이는 일본공산당을 고립시키기 위해 자민당으로 대표되는 일본의 지배세력이 지난 반세기 동안 취해온 봉쇄전략도, 낡은 정치와 어차피 '자민당 2중대'에 불과할 뿐인 민주당에 신물을 느낀 일본 국민들이 평화헌법 개정, 아베노믹스, 탈원전, TPP 등 국민의 삶과 직결되는 정책과 관련하여 여당과 선명하게 대립각을 세워온 일본공산당의 지지자로 돌아서는 것을 막지 못한 것이다.

이 책은 제2차 세계대전 종전 70주년을 맞는 올해의 시점에서 일본공산당과 일본 사회의 변혁에 대해 이야기하고, 궁극적으로는 동북아시아 평화협력 구상이라는 거대한 미래의 로드맵을 제시하는 논저이다. 그런 의미에서 이 책은 어두웠던 지난 역사와 혼란스러운 오늘의 현실을 넘어, 새로운 한일관계의 지평을 생각하는, 그리고 동북아시아 평화의 길을 고민하는 독자들에게 의미심장한 시사점들을 던져줄 수 있을 것이다.

이 책을 번역·출판하는 과정에서 필자는 한일 양국의 많은 분들에게 신세를 졌다. 책의 저자이자 지금 이 순간에도 역사문제의 해결과 민주·평등의 국제관계를 통한 동북아시아 평화 실현을 위해 고군분투하고 계시는 시이 위원장, 늘 따뜻한 격려를 아끼지 않으시는 필자의 가장 큰 후원자 오가타 야스오 부위원장, 수십 년에 걸친 《신문 아카하타》 특파원 경험으로 많은 가르침을 주시는 모리하라 키미토시森原公敏

국제위원회 부책임자, 가장 가까운 자리에서 필자가 능력에 부치는 막중한 책임에 힘겨워할 때마다 형제의 무한한 사랑으로 용기를 북돋아주시는 다도코로 미노루田所稔 신일본출판사 대표이사 사장 겸 편집장, 저널리스트로서의 글쓰기에 있어서 헤아리기 힘들 만큼 많은 지도편달을 해주시는 하타노 슈이치羽田野修一 월간 《게이자이經濟》 편집장, 바다 건너에서 이루어지는 출판에 온통 정신이 팔려 있는 제자를 너그럽고 따뜻한 마음으로 지켜봐 주신 도쿄대학의 이치노카와 야스타카市野川容孝 교수, 우치야마 유內山融 교수 두 스승들과, 평생의 은인이며 그 존재만으로 늘 큰 힘이 되는 의형義兄이자 스승 시미즈 다카시淸水剛 교수, 한·중·일의 영구적 평화와 발전을 향한 열정으로 필자에 대한 지도편달을 마다하지 않으시고 책의 출판이 현실화되도록 후의를 베풀어주신 건국대학교 KU 중국연구원 한인희 원장님과 정상기 대사님, 몇 년 만에 재회한 아우와 교정에서 밤새워 동북아시아 평화에 대해 의견을 교환한 후, 흔쾌히 궂은일을 도맡아준 김용민 교수, 둘도 없는 친구이자 동업자인 양헌재良獻齋 서재권 대표, 마지막으로 이 책을 만들어주신 이재철 출판부장 이하, 건국대학교출판부 관계자 여러분께 이 지면을 빌려 진심어린 감사의 마음을 전한다.

2015년 6월 11일

도쿄대학 교정에서

홍상현

해 제

이 책은 시이 위원장 본인이 머리말에서 밝히고 있듯이 2012년부터 2014년까지 발표한 원고들을 정리해 엮어낸 것이다. 그러나 한국어판 발간에 즈음하며 전후 70년과 국교정상화 50주년이라는 역사적인 해를 기념하여 위원장 자신의 동북아시아 평화협력 구상을 천명하였다는 점에서 특별한 의미를 지닌다. 한일 관계가 해방 이후 최악이라는 평가를 받으며 제2차 세계대전 종전 이후 가장 우경화된 아베 정권과 이에 대한 한국 정부의 대응이 교착상태에 머물러 있는 현시점에서, 일본 양심세력의 대표주자로 한국과 협력 가능한 유력 정치인의 논저라는 점 하나만으로도 이 책은 그 출판의 의의가 있다고 하겠다.

그러면 구체적으로 이 책의 내용은 무엇인가? 1장 "망국의 정치와 결별하고 미래를 책임지는 새로운 정치를"에서는 여섯 가지 소주제와 관련해서 일본공산당이 현재 가지고 있는 비전과 이를 실현하기 위한 정책, 그리고 아베 정권에 대한 비판 등이 제기되고 있다. 특히 집단자위권 문제와 과거사 문제, 그리고 탈핵문제 등은 일본뿐만 아니라 한국과도 밀접한 관계가 있다는 점에서 한일 관계의 중요한 이슈이기도 하다. 특히 현재 아베 정권이 '평화안전법제平和安全法制(일명 '전쟁법안')

를 강행처리하는 등 우경화 노선을 고수하고 있는 오늘날의 상황에서 1절 '집단자위권' 부분은 자세한 해설과 함께 그 대안이라 할 수 있는 동북아시아 평화협력구상과 3절의 원전 재가동 불허 주장, 4장의 미군기지 문제 등에 대한 견해를 살펴보면 실로 단순한 보수·혁신이나 좌·우 등의 구분에 급급한 진영논리를 넘어선 큰 정치인의 탁견卓見이 느껴진다.

이어지는 2장 "일본사회의 변혁과 일본공산당"은 세 개의 절로 이루어져 있어 분량은 가장 짧지만 한국에 잘못 알려져 있는 일본공산당에 대한 오해를 푸는 데 많은 도움을 준다. 국내에서 공산당共産黨이라는 명칭은, 특유의 선입견으로 인해 북한이나 과거 냉전시대의 공산주의 정당들을 연상시키는 경우가 많으나, 일본공산당은 특유의 진보성을 유지하면서도 지극히 합리적이며(비폭력적인 것은 물론이거니와) 의회민주주의에 대해 강한 신념을 지닌 풀뿌리 민주주의 정당에 다름 아니다. 이 점은 이어지는 3장에서도 다시 한 번 강조된다. 공산당이라는 이름에 대한 세간의 오해를 불식시키려는 시이 위원장의 노력이 느껴지는 대목이다. 이 책은 그렇게 일본 사회가 전후 70년에 걸쳐 어떻게 변화하여 왔으며, 공산당 또한 어떻게 시대적 요구에 부응하는 정당으로 변화를 거듭해 왔는지 보여준다.

마지막 장인 3장 "'제3의 약진'을 본격적 흐름으로"는 일본공산당의 미래와 비전에 대한 피력이 내용의 주를 이루는데, 단순히 '소수의석의 진보정당'이 아닌 '집권을 목표로 하는 자민당 정치의 대안'으로서 일본공산당의 미래를 설정하고, 이와 관련한 각 부문의 구상을 구체적으로 밝히고 있다는 점에서 매우 특별하다. 자민당과 민주당을 제외한 정당은 수권능력이 없을 것이라는 한국사회의 선입견이 엄연히 존재하는 현실에서, 그간 일본공산당이 자민당 정치의 한계점을 뛰어넘는 대안을 제시하기 위해 얼마나 오래 노력해 왔고, 또한 그러한 방향성에 근거해 앞으로 자신들의 정책을 구체적으로 어떻게 실현해 가려 하는지에 대해 상세한 설명이 이루어지고 있기 때문이다. 아울러 일본 국내의 이슈에만 국한하지 않고 동북아시아 주변, 나아가 전 세계의 평화에 기여하기 위한 원대한 비전을 역설하고 있다는 섬에서 일본공산당에 대한 올바른 이해에도 많은 도움을 줄 것으로 기대된다. 마지막으로 이 책에서 언급된 시이 위원장의 고견 중에서 가장 인상적이었던 부분, 즉 "일본의 정치가 취해야 할 다섯 가지 기본자세"를 다시 한 번 언급하며 이 글을 마무리하려 한다. 이는 일본공산당이, 우리에게 있어 '오랜 친구'로서 협력해야 할 일본의 양심세력이라는 점을 가장 잘 보여주는 대목이기 때문이다.

첫째, '무라야마 담화'와 '고노 담화'의 핵심적 내용을 계승하고 담화의 정신에 걸맞은 행동을 취하며 담화를 부정하려는 모든 움직임에 대해 단호히 배격할 것

둘째, 일본군 '위안부' 문제와 관련 피해자에 대한 사죄와 배상 등 인간으로서의 존엄을 회복할 수 있는 해결에 착수할 것

셋째, 야스쿠니 신사에 참배하지 않는다는 사실을 '일본 정치의 룰'로 확립할 것

넷째, 민족 차별을 부추기는 헤이트스피치가 근절될 수 있도록 입법적 조치를 포함, 단호한 정치적 조치를 취할 것

다섯째, 첫째에서 언급한 두 담화의 내용을 학교 교과서에 성실하고

진지하게 반영시키기 위한 노력을 기울일 것

이상의 다섯 가지 자세는 한국정부가 오랫동안 일본에 요구해 온 사안이자 한국인의 입장에서도 충분히 납득할 수 있는 전향적 조치들이다. 아무쪼록 위와 같이 훌륭한 비전을 가지고 있는 시이 위원장과 일본공산당에 대한 올바른 인식이 한국사회에 확대되는 데 이 책이 작으나마 도움이 되길 빌며 해제를 마친다.

2015년 7월

건국대학교 KU중국연구원 연구전임조교수

김용민